【文庫クセジュ】

教育の歴史

ジャン・ヴィアル著
高村昌憲訳

白水社

目次

序　文 —— 7
第一章　「原始時代」の教育 —— 10
第二章　古代の教育 —— 13
Ⅰ　古代エジプトの教育
Ⅱ　古代インドの教育
Ⅲ　ペルシアの教育
Ⅳ　古代中国の教育
第三章　西洋世界の祖先となる古代文明の教育 —— 19
Ⅰ　ユダヤ人の教育
Ⅱ　ギリシアの教育

Ⅲ　ローマの教育

第四章　中世の教育　28

Ⅰ　キリスト教と古代の教育

Ⅱ　民族大移動時代の教育

Ⅲ　カール大帝と宮廷学校

Ⅳ　中世を起源とする大学

Ⅴ　中世の職業教育

Ⅵ　アラブ人の教育

第五章　「ルネサンスの実現と教育の改革」　44

Ⅰ　イエズス会修道士たちのコレージュ

第六章　十七・十八世紀の教育　53

Ⅰ　初等教育

Ⅱ　中等教育

Ⅲ　高等教育
Ⅳ　女子教育
第七章　フランス革命と教育学――62
Ⅰ　前兆となったもの
Ⅱ　十八世紀末の技術教育改革
Ⅲ　フランス革命の成果
第八章　一八一五年から一九四五年までのフランスと外国の教育――71
Ⅰ　一八一五年から一九四五年までのフランスの教育
Ⅱ　外国の教育の発達
第九章　未来に向かって（二十世紀後半）――97
Ⅰ　外国の教育
Ⅱ　二十世紀後半のフランスの学校

結　論　「さほど教育を受けていない人びとに、もっと多く与えること」―― 133
訳者あとがき ―― 137
参考　フランス教育基本法 ―― 143
参考文献 ―― v
索引 ―― i

序文

教育が提起している問題は、生徒の父母と教育者だけの責任や権限にとどまらず、社会全体に関係している。哲学者（一般的な意味で）や知識人ばかりか、それ以外の人びとも教育を受けることはまちがいなく価値あることであり、そのことは学校の合目的性を示している。政治家は教育の機構をいかに提供するかに責任を負っているが、このことに関しては充分機能しているようである。

経済の世界においては、企業家は一般教育および職業専門教育からの恩恵に浴している。将来の社会は、若者の才能や未来の作家や芸術家の芽がひらくことよって充分に利益を受けるであろう。それはまるで精神的にも肉体的にも健康で安定していて前向きである人びとの存在によって、社会自体が強固なものになっていくように。

要するに、職業的、社会的、政治的、精神的活動でないものは、教育活動に依存することはない。

学校は文化を育てていくところである。学校は、多くのものを産む可能性のあるところでもあり、学校を受け入れてこなかった社会により以上の収穫をもたらし、いわば種蒔く人のように一〇倍以上のものを与えるのであり、一台を作るために一〇台を必要とするようなくず鉄業者とは反対のことを行なっている。

さらに、学校は現実のことに目覚めていなければならず、環境や社会を進歩させる力として、組織に特有の無気力に打ち勝たなければならない。たとえ、やむをえず私たちが外国の学校については概観するのにとどめたとしても、そこでは型にはまった現象があるという一般論が認められるだろう。

万事は、「通時性は共時性よりも優位を占める」といわれるように、歴史が地理に勝っている。そのうえこのことは、論理的に説明されている。しかしながら、教員の一人ひとりは変化に抵抗する。なぜなら、変化は、個人的経験や教員養成期間を通じて得た観念の主要な価値観に手をつけるからである。

しかし、これから紹介していくのは別の歴史である。過去における断層のような時期が、体制を揺さぶることがある。つまり、あくる日には戦争になったり、革命が起きたりする。見者や勇敢な人びとや道理をわきまえた人びとが、改革を行なう好機をつかむこともある。

一方、何かのおかげで教育制度は量的にも質的にも進歩を遂げる。質的には、教育制度の目標と方法が学校の明確な使命と社会の必要性に同時に応えて、より良いものが可能になるからである。量的には、性別や社会的身分にかかわらず、より低年齢の子供たちや、より年上の思春期の若者たちに学校の教育活動が広がっていくからである。同様に、障害者のような社会参加が困難な人びとにも広がっていく。

しかしながら、カペル大学区長が「新しい学校にはやるべきことが残されている」と書いているように、その改革の完遂にはほど遠い。まずは、無教育主義に勝つ必要があるのではないだろうか？

現代の歴史は、「教育と災難とのあいだの歩み」に帰着すると言われている。もし災難を避けたいのならば、学校を考察や行動における一番の課題、「いくつかの優先課題のなかの最重要課題」とする必要があるだろう。

本書は、ロジェ・ガルの著作の延長線上にある。父母や教師、技術者や社会的責任のあるすべての人びとにとって、重要と思われる教育学上の問題を提起する本書が役に立てば嬉しく思う。

第一章　「原始時代」の教育

「（いわゆる）原始時代には本当の教育というものはない……。それゆえ、はっきりしない教育学の、このはっきりとしない始まりを研究しても実際に得るものはない[1]」と言われていた。

（1）G・コンペイレ『教育学の歴史』、一頁。

それどころか、教育の最初の形態を示すものは何もない、と私たちは考えている。人間は、充分な財産を蓄えておらず、毎日の生計や安全に気を遣う限り、教育を無償にしようと考えることはない。教育とは、無償で特別な活動であるという考えに達した人間にしかこのような考えは理解されない。教育とは、人間性や思いやりでゆっくりと人の心をつかむことである。

これらの条件がそろってはじめて、教育の機能は人類の特徴を最もよく示すのであり、のちの世代に伝える方法はそのときに獲得されるのである。最初の段階では、こんにちでも子供たちの遊びにおいて見られるように、子供のときは模倣によって、大人がやることを見てやるべきことを身につける。それができるようになると、子供は父や母の活動に協力するようになる。行動は教育を生んでいく。自然の学校である。それと同時に、あるいはその少しのちに、部族や種族の儀式への参加が集団における掟や禁止事項を教えるようになる。もしも、E・デュルケム（一八五八〜一九一七年）が言うように「教育は、大人たちが若い世代の人びとを導く行為」であるならば、人間の全生涯にわたる教育の最良の豊かさを示しているのが「原始時代」の社会であろう。あらゆる強制から解放された自由な教育であり、個人的な傾向のものもあり、これらの活動を決めるのに充分な社会的必要性のあるものが、自然で本質的な教育と言うことができる。大人は例としての見本を見せるしかない。遊びや物真似、あるいは集団への参加によってすべてが形成されていく。そこで個人から社会への密接な適合が生まれ、個人そのものは集団に吸収される。

より年齢がすすんだ段階では、現代の教育により近い活動を見出すことができる。それは模倣である。部族によってさまざまな年齢で、独自の儀式によって青少年の門出が大人の集団のなかで荘厳にとりおこなわれる。魔術や神秘に取りつかれている人びと、変装で際立つ人びと、歌や踊り、これらの儀式が部族のいくつもの秘密を青少年たちに伝授していく。

若者たちを指導するときの振舞いや配慮は、仲間から仲間へと伝わるにつれて変化していく。一方では、もしも病弱であったならば生まれてすぐに生贄にされる。反対に他方では体罰が禁止され、子供は大事にされ、愛される。性教育はそれなりの場所で慎重に行なわれている。そうでなければ、偶然、あるいは自然の成り行きに任されている。

あるがままにするという域に達するには何千年もの年月が必要であり、抵抗し、適応し、創造しなければならなかったことに留意しよう。人間の力を著しく増大させる道具はそのようにして生まれたのであり、道具以外のものとしては言葉があり、コミュニケーションのかけがえのない方法なのである。

結局、教育とは個人を集団にぴったりと適合させるものである。そして、この閉ざされた社会において、社会自体も閉じている。それは個人の人格とそれ以外の個人的世界を同時に締めだすことである。それでも人間性のゆっくりとした向上を忘れてはならない。しかし、それは進化という意味ではない。もちろん、黎明期の教育は何よりも現実的で、孤立した集団に帰するものである。私たちは現代の窮屈な学校の様子しか理解していないが、多分それに反して原始時代の教育は、こんにちの教育よりももっと濃密で寛大なものであった。

第二章　古代の教育

努力と手探りの長い世紀ののちに、文明は紀元前四〇〇〇年にナイル川やユーフラテス川やインダス川流域で発達して、すでに一つの形態を現わしていた。これらの恵まれた地方においては、人びとは農業、都市生活、商業、航海、言葉を表記することを知っていた。教育者の職業は、はっきりと専門化され、組織化されている。その後少し経って中国が実際に文明を持ち、そして文明を条件づける教育の形態を持つことになる。

それらの教育の特色とは、長いあいだ練りあげられたのちに、数千年の歴史を経てきたにもかかわらず、到達した形態を長いあいだ保持してきた。インドや中国については、ほとんどこんにちまでもこの形態が続いてきた。そのうえ、歴史を通して見出せる多くの教育方法を生んだのである。

I　古代エジプトの教育

エジプト人たちは、ナイル川流域で身分制度社会の基礎を築いた。それは父親の出自によって息子たちの階級が定められ、神官によって支配され、律法学者によって管理される社会であり、ファラオ（国王）の役割までわかっているのは言葉を表記することを知っていたからである。

初期には、自然物の素描を描いたものから始まり、次に観念を表現し、次第に音声的特徴を持つようになった。つまり音節的な音を表現するようになった。十九世紀になりシャンポリオンによって古代エジプトの象形文字であるヒエログリフが解読された。

厳格な社会秩序において、教育は人びとにとって実用的（家族や同業者組合の）なものであっただろう。というのも、仕事に精通することにとどめられていたからである。知的教育がそこに加わるのだが、それは読むこと、書くこと、簡単な計算、そしてナイル川の泥土によって氾濫があるたびに、再び所有地を決定していくために是非とも必要とされた実用的な幾何学に限定されていた。

高度な教育は、神官、建築家、医者、社会的に重要と思われていた律法学者が担っていた。それは神官たちの手のうちにあったが、宗教的思想と同じように宗教と無関係の科学を保持する者もあった。宗教、法律、天文学、数学、力学、医学の知識に関係しており、それらを広めることが有益と見なされていた。科学と宗教のこの密接な関係は、文化の特別な属性であり、現代まで持続している。

科学は次々に宗教的支配から自由になっていく。

本来、教育というものは全体主義的である。それと同時に、宗教と同じように政治や社会や経済的組織と密接に関係している。方法論に関しては、その時代の倫理や社会的目的や精神に正確に対応している。記憶と模倣が、最も訓練された能力になる。ときどきは遊びによって多くのことが教えられ、新風を吹きこまれる。規律は、肉体的な罰を普通に認めている。個人の都合は考えられていない。一人ひとりを問題なく皆に適合させること、それが教育の社会的な合目的性ではないだろうか？

Ⅱ　古代インドの教育

インダス川流域に生まれたインドの文明は、社会制度としてエジプトよりもさらに奴隷化された形を教育に与えており、もっぱらそれを永続させる運命にあった。

その主要な特色は、完全に分離された階級が設けられていることである。シュードラ（隷属民）やハリジャン（不可触民）は、いかなる権利もなく、教育についても同様に階級があり、上は僧侶の階級までである。宗教はドラビタ語族（紀元前三〇〇〇年）とアーリア語族（紀元前一七〇〇年）のものが組み合わさったものである。初期のバラモン教は、善悪二元論と理想主義的概念にもとづき、現世のことは軽視していた。やがてその哲学は釈迦牟尼（紀元前五六〇～四八三年）を全面的に受入れた教義に帰着する。重要なことは涅槃においての最高善を探求することであり、その純粋な瞑想というやり方によって自制心を、また一方では慈善を待つことである。

唯一、バラモンの社会階級のみが、師から弟子へと高度な学習を授けることができる。前者は崇拝されている者であり、後者は信者である。そのほかの階級の人びとは基礎的学習や家内職業を学ぶことで満足している。つまり、信仰やインド社会の伝統が伝達されて学習は仕上がったからである。一方、娘たちにはいかなる学習も用意されていない。

それに反して、最上の階級に与えられる教育は、バラモン教の聖典ヴェーダにもとづくが、文法や文学や法律の知識も教えている。すべてが難解な言語であるサンスクリット（梵語）の完全な把握を必要とし、秘教的で遠慮深いことをよしとする文化になっている。天文学や医学や数学も教えられ、その領域はギリシアとともに、アラブ人の先駆者であり西洋世界の先駆者そのものでもあるインドに多くを負っている。

とりわけ、教師たちがとくに要求するのが記憶力である。反復や「記憶すること」は、賢明な精神を生徒に浸透させることができるし、そのことは英知に達する最良の方法である。そこでは肉体は貧弱なものと思われている。規律は相対的にゆるやかである。

要するにインドの教育は、もっぱら受身的で瞑想的な特性を伸ばし、この瞑想的な特性は高いレベルを保持してきた。それによって、その教育は西洋的理想や創造者や発明者になることには背中を向けていた。ヨーロッパ人は、小学校のそばにサンスクリットやイスラム教の学校を見つけることになる。インドの人口はヨーロッパと同じように多かったのだが、イギリス人の努力にもかかわらず一八七一年には小学校の児童は五〇万人しかいなかったのである。

Ⅲ　ペルシアの教育

ここでペルシア（紀元前六世紀）の教育について述べるのは、クセノフォンが大変感嘆したというその教育が、完成の域に達した三つの特色を示しているからである。一つ目は国営ということで、七歳になると家族から子供は取りあげられる。二つ目は軍隊式で、将来の戦争のために今ある武器と乗馬を教え、疲労や空腹やのどの渇きに慣れさせている。三つ目は道徳のことで、実践と戒めによる強力な性格形成を目指し、正義と真実を教えている。

この道徳的側面は、けっして忘れ去られることはなかったのである。ただし、それは貴族のための教育でしかなく、そこでの知的文化はあまり重視されていなかった。

Ⅳ　古代中国の教育

インドとほとんど同時代に、揚子江流域または黄河流域に発達した中国の帝政の教育形態は、こんにちまで継続されてきたきわめて強い伝統にもとづいたものである。紀元前三〇〇〇年から紀元前六世紀までに、ゆっくりと練りあげられたこの伝統が多くの民衆の精神的解放を確かなものにしたのは、二人の偉大な哲学者の影響によるものであろう。老子と孔子である。老子は「至上の悪……それは国民を無知のままにしておくことで（……）知りすぎた国民を統治するのはもっと難しいというのは口実である」と言い、孔子は国民の一般的な幸福の探求のうえに築かれる積極的な道徳を教えた。

国家や家族を尊敬すること、祖先を崇拝すること、伝統の形式に従うこと、そこには儀式の完全な実行とそのための充実した知識を前提としている。可能性と必要性の関係が五つの型に詳細にわたって分析されており、それらが血族関係や階級制度を生み、中国人の繊細な礼儀に通じている。

十歳になれば子供は学校へ行き、少なくとも一部の若い人びとは教養人やエリートや官史の階級に入るための道を目指すことになるだろう。しかし、その道の達成は困難であり、書くこと（筆で描くこと）を覚えなければならないし、文章のなかでの言葉の位置やアクセントによって、本当の意味が四〇〇にもなる言葉を正確に発音しなければならない。皇帝のアカデミーへ入ることを望み、そしてそれが可能になった生徒は、次第に難しくなる試験を次々に合格しなければならず、ますます上手に管理されていく。そのうえ、文学、王朝の歴史、数学、修辞学を学ぶ。権威主義と記憶力の育成、書物への崇拝、あらゆる肉体労働に対する軽視がこのエリート教育の特色になっている。

独創性や決断力や自由を無視したそのような教育は、固定した社会の発展しか可能にしなかった。高い完成度に達した文明の驚くべき保守主義は、過去へと戻り、もっぱら模倣と再生にかりたてられる文化にみられるように、凝り固まったのである。

第二章　西洋世界の祖先となる古代文明の教育

現代の西洋文明は、とくにユダヤ・キリスト教とギリシア・ローマという二つの潮流から生まれている。

I　ユダヤ人の教育

ユダヤ人は誰よりも教育の力を信じていた。それは多くの妨害があっても民族の永続性を広く保証するものであった。聖書は教育についての教えにあふれている。預言者たちの正義感や普遍救済説は、文学や芸術に着想を与えているが、フランス革命の原則のように宗教から独立した思想にも働きかけている。

神政政治において一神教の国民の教育は、まず家族によるものであり、道徳的で宗教的なものしかありえなかった。その神聖な書物によって幼い子供たちは、神の民の歴史を学ぶのと同様に読書や文字を学んだ。その規律は厳しく、儀式は信仰に目覚め、信仰を深めることに寄与している。音楽と舞踊は不可欠である。

貧しい子供たちは両親の仕事を助け、娘たちは家事労働に身を委ねるが、高度の教育は司祭や預言者の学校の律法学者が教えている。初等学校が組織化されたのは、少なくともバビロンの捕囚以後である。それらの学校は、注意深く世話をするのが目的である。「教会が消えても子供たちは学校へ行ってくれるように」。西暦六四年に、無料での義務教育を行なう学校という考えが起こり、六歳から七歳までの子供たちのために初等基礎教育が生まれ、より進んだ教育段階になると数学、天文学、文学、地理学が教えられた。

学科はより楽しく、子供によく受入れられるものになる。教師たちには金が支払われ、とても尊敬されていた。古代ユダヤの律法学者たちの所説を集録したタルムードの学科は、一家の父親よりも権威のある高い地位に置かれていた。「父親はこの世の生活しか与えないが、タルムードは来るべき世界の生活を与えるもの」だからである。

II　ギリシアの教育

ギリシア文明、とくにアテネ文明は現代の文学、芸術、哲学、科学に影響を与えた源泉であり、古典と命名されている教育の内容を形づくっている。紀元前十世紀頃にアイオリスで、そして紀元前十世紀から紀元前七世紀のあいだにイオニアで、次に紀元前六世紀から紀元前四世紀のあいだに、いわゆるギリシアで生まれた「ギリシアの奇跡」である。

ローマによって再び伝えられた芸術や思想の新しい概念はギリシアに負っていて、建築、彫刻、哲学、数学を表わす言葉は現代でも同じである。[1]

実用的な幾何学がエジプトで生まれたとするなら、公正な科学を体系的に発展させたのはギリシアである。「ギリシアよ、あなたには、古い伝統によって伝えられた意見や考えは何もなく、時間によって浄化された知識もない」とプラトンは言っている。

ギリシアの教育はホメロス以来大幅に変化した。それでもなお原始的であった。教育が形式的で学識豊かだったアレクサンドリア時代までは、行動的で賢明な人物を育てていた。やがてギリシアがイオニア人の国にまで勢力を広げると、教育は急激に変化し、芸術的で文学的で科学的になる。そしてドーリア人の国ではもっと実用的で軍事的な教育を確立する。

(1) H・I・マルー『古代の教育の歴史』(パリ、スイユ、一九四八年)を参照。

1 スパルタの教育

スパルタ人の教育は強健で勇敢な軍人、気骨のある人間、そのうえ彼らの都市や国を愛する人間を育てるのが目的だった。七歳から十歳までの若いスパルタ人は狩猟に連れていかれ、肉体的で軍事的な訓練を受ける。食べ物は質素である。打撃と苦痛に耐えて、精神的に無感覚になることに意義がある。精神は肉体の犠牲にさせられる。さらに、音楽には宗教的なものか戦争用のものしかなく、文学はホメロスのいくつかの詩だけである。厳密に軍人としての養成は三十歳まで続き、一生涯を通してが訓練である。

娘たちも、少年と似たような教育を受けている。少年のように歌うこと、戦うこと、投槍を投げることを教わる。頑丈な娘たちは健康で強い息子たちをもたねばならず、自分の夫や子供たちよりも祖国のほうを選ばなければならない。そのうえ、子供たちは家族ではなく国に属するのであり、障害者たちは無情にも見捨てられる。

このようにして軍人階級が個人を服従させていたのは、宗教ではなく国家のためであった。個人は集団のなかでしか斟酌されない。大切にされている唯一の価値は集団であり、その教育の目的は所属する共同体に個人が完全に仕えることを目指している。

2　アテネの教育

その後の退廃した形態と違ってアテネの教育は、政治的事件や宗教上の祭りのあいだに行なわれる演劇作品に興味を持つような高い水準の教養を、すべての市民に与えるようになる。この教育は肉体と魂、芸術と思想の調和や、力強さと優美さ、知性と個性の均衡を引きだした。儀式、舞踊と歌、演劇と競技、行列と記念建造物、すべてが秩序と美の意味を与えるように働いていた。

これらの文化は、人間性を奪われていた多くの奴隷によって物質的に支えられることによって実現したのは本当のことである。アテネの民主政治は制限された寡頭政治であった。いずれにせよ、アテネは個人の幸福と良心に心を配って個性を発達させる教育に理解を示していた。それがユマニスム（人道主義）と命名されることになる。

六歳または七歳まで子供は家庭に任せられているが、やがて召使の奴隷に連れられて学校へ行くようになる。そこでの教師、「文法学者」が、読むこと、書くこと、神話学、初歩の計算を教える。ホメロスの作品は、すぐにテキストとして用いられる。子供は蠟が塗られた板に、金属や象牙で作られた尖筆でものを書く。のちにこの教育に、図画や幾何学が補われる。竪琴の教師は音楽とフルートや七絃琴の演奏を教える。十二歳または十四歳頃になると、競技場へ行って体操を教わる。最後に、十八歳から二十歳までの青年は、兵役（軍事訓練）を務めあげる。その結果、市民権を手に入れることができる。

若い娘たちはあまり恵まれていない。母親とともに彼女たちは家事に励む。上流の恵まれた環境にある娘たちだけが、読み書きを教わる。

経済的機構として、職業上の徒弟奉公は簡略化されて残っている。ただしギリシア人は、かなり前から自由人には手仕事は相応しくないと軽蔑するようになっていた。この肉体労働への軽蔑の念と、教育のもつ可能性の軽視は引き継がれることとなる。このような欠点は五世紀末に、修辞学教師やソフィストたちの学校が開設されたときに悪化した。もっと裕福になる必要があると思う人びとに応えて、自分の講義の人気度に応じて金を払わせている教師たちは、雄弁と哲学を教えた。話をする技術、議論の巧妙さが、公的生活や教育の目的として重要な役割を演じており、最も多種多様であった。その原則のなかにいれば幸福であり、こうした文化の拡大は不幸にも詭弁、言いがかり、表面的知識の獲得へと急速に向かった。要するに危険な形式主義である。賛成や反対を支持する技術、言葉だけの口の巧さ、ある立場を勝たせるための技術が何世紀ものあいだ、他にまさる文化として目立っていた。そこから「ソフィスト」という言葉は、軽蔑的な意味に結びつくことになる。

ギリシア（科学、そしてピタゴラス派の学校では数学が発達し、自然界の事物の観察と分類が試みられた）は、真実味の欠けた活力のない言葉だけのユマニスムしか伝えなかった。

ヘレニズム時代、アレクサンドロス大王の征服後、首都アレクサンドリアでは、プトレマイオス王朝のもと、七〇万冊を収める図書館のある博物館が創設されたが、それは学者たちが勉強するのに必要なものであった。ギリシア社会のすべての高等教育学校において、地球が太陽の周りを回っていることを発見したサモスのアリスタルコスとともに天文学は進歩し、ユークリッドとともに幾何学、アルキメデスとともに力学、死体解剖によって医学が各々進歩することになる。ギリシア思想は世界全体を考察し、それをもたらす言葉とともにひとつの世界共通の価値観となる。

とはいえ、過去の手本のたんなる模倣で満足しているような博識や剽窃の一技法となるギリシア文化が創造力を喪失し、衰退が明らかになることにかわりはない。

この文化は、新しい特性を与えるものの、多くの古代の美徳を奪うローマ社会によって色あせる。

Ⅲ　ローマの教育

「征服されたギリシアは、粗暴な征服者を支配した」という昔からの言葉がある。紀元前一四六年にギリシアは、テベレ川河口から「われわれの海」である地中海の周辺諸国全域にまで、数世紀のあいだに発展した大帝国の属州になっていた。ローマはギリシア文明の価値を理解し、吸収し、伝承したが、やはり変化はあった。したがって、長いローマの歴史においては、ギリシア征服によって時代が二つに区切られる。

最初はまず、ローマの特色に従った教育にとどまり、軍事的で愛国的、そのうえ実利的で、個人を国家や法に従属させるものであった。このようにして征服者となった人びとは、同時に法律の発案者でもあった。彼らはその法律に自分の名前を付した。当初の教育は読むこと、書くこと、計算と軍事訓練にとどめられており、祖先を敬い、祖国への絶対的忠誠を教えるものであった。この軍事的で宗教的教育は、家庭内で行なわれていた。国民的文学の欠如は、この教育の精神的貧困を物語っている。

大カトーはローマ共和国の最晩年までこの思想を説いたが、この思想は利己的で頑固な国民でもある軍人や市民を生んだ。それはまず、家庭における父親の無制限な権力につながっていく。

子供が七歳に成長すると、初等教育が始まる。きわめて裕福な人びとは徐々に奴隷の家庭教師を頼むようになり、やがて授業に出席することができる家庭に門戸を開いた私立学校に頼るようになる。ギリシア人がそうであったように、ローマの幼い小学生も蠟を塗った板に鉄筆でものを書いていた。パピルスや羊皮紙が現われると、葦を切ってインクに浸して書いていた。子供は最初、刻まれた文字の上を指でなぞって書いて練習し、最後にそれを写していた。規律は厳しく、権力者を敬い、教育の原則は模倣するのみであった。娘たちに関しては、家事教育で満足していた。十七歳になると、若いローマ人は「青年」になった。家族の属する一族に登録させられ、広場の集会へも出席する。

紀元前二世紀末のローマとギリシア文明との出会いは、大混乱を引き起こした。小スキピオやグラックス兄弟はそのおもな首謀者であった。老人の大カトーが反対しても無駄であった。当初は、奴隷であることが多いギリシア人の家庭教師が雇用されていた。文法と修辞学が学校に広がり、家庭では次第に子供の教育を行なうことがなくなっていた。十二歳から十六歳までの子供は、国語と文学の勉強をさせる「言語学者」の所へ通うようになる。そこでは外国語としてギリシア語が使われたが、それは歴史上初めてであった。ローマには偉大な作家がいなかったので、ギリシアの作家に頼らざるをえなかった。キケロ、ホラティウス、ウェルギリウスというラテン語作家を利用できるのは、ローマ帝国になってからである。十六歳または十七歳頃になると、彼らは「雄弁術教師」の所へ通うが、そこではさまざまな格言についての注釈、いろいろな主題についての作文、常套句の表現、論争、そして純粋な作り話にいたるまで、雄弁に備えた勉強をしていた。ギリシアへ送りだされたローマの若者たちは、有名な雄弁家の教育を受けて語法も習得させられた。ローマ共和政がローマ帝国に代わると、雄弁術は重要でなくなる。重要なのは純粋な修辞学と朗読法になる。それでも言葉をめぐる教育は、中世の教育のなかでも生き残っていく。

ローマ軍によって支配されたすべての国々において、学校は深く侵入していくための道具になる。ラテン語が、ゴール地方やダキアやスペインの土着言語に代わって使われる。とりわけ、ローマを征服したキリスト教が信仰の媒介や礼拝の言葉としてラテン語を適用したことにより、ロマン諸語のラテン語法は確固としたものになる。そこから現代の私たちの言語や、それに付随した教育が生まれることになる。ローマはギリシアの文明や教育を認め、広めた功績がある。しかし、実利的側面しか理解していなかった。動かしがたい明確な価値があるにもかかわらず、科学と芸術は取り除かれてきた。そのおかげで古代作品の剽窃と、それこそまさに「間違った形式主義同様」の学問しか残らない。こうしてローマ文化からは教育的価値や意味の一部が奪われるのであるが、他方、法律と技術力の面ではきわめて優れていた。

第四章　中世の教育

I　キリスト教と古代の教育

意外なことに、キリスト教は、古代の教育をそれほど変えなかった。確かに世界の博愛[1]という思想とともに、都市、国または民族を固く繋ぎとめる密接な関係から個人を自由にすることに貢献したにちがいない。キリスト教が人びとに与えたのは、あらゆる社会権力のうえに置かれた神聖な価値観であった。もはや、市民を祖国のために育成するのではなく、神への忠誠のために育成するのであった。さらに、階級の区分を排除して、あらゆる人びとに対して「神」が共通の父になるという思想は、普遍的教育へと導かれることになる。

(1) イエス・キリスト、聖パウロにおいて、あなたがたは皆一つでしかない。(ガラテヤ人への手紙：Ⅲ—二八)。

宗教と教育の繋がりは、古代世界に始まったが、初期の未熟な段階から実生活へ入り込もうとする信仰によってその結びつきはさらに強くなっていった。肉体に対する軽蔑、物質への軽視、科学や技術への無関心は、世界のなかに一時的な現実しか見なかった人びとにとって、論理的なるものへの誘惑となった。驚くべきことはキリスト教がそれまでの異教徒の教育に反抗して、古代が伝えた制度をついには取り入れていることである。倫理の領域ではなく、それは異教徒についての間違った考えを引きだし、あまりにも対立的なものだった。まずは既成の宗教に反対して、全勢力で戦わなければならなかった。しかし、異教徒との戦いに勝つや否や、三世紀からは世界の勢力が転換して立場が逆になり、教会の公式言語にはラテン語が取り入れられた。しかしながら古い制度がもたらした豊かな資産と、教育に求められる新しい目的とのあいだで、引き裂かれる。聖アウグスティヌスや聖ヒエロニスムや教会の神父たちは、古代の教育のおかげで得ているものへの感情と、それに合わせる必然性とのあいだで分かれていた。グレゴリオス・タウマトゥルゴスは、キリスト教信仰に仕える者をギリシア哲学者と分離するように勧めていた。

かくして何世紀にもわたり、古典文化においてキリスト教は存続している。文法や修辞学の学校が高等教育の中心でありつづけたが、それは新しい信者や教会の聖職者たちのためであった。ユダヤ人やギリシア人やローマ人から知恵を借りて、与えられたイメージゆえに古典文化とはわからないくらいに歪曲されたものを許していたのである。それに聖書と詩篇歌を加えて満足しており、それが充分消化されたときに教義となって伝授されるのである。すべては本質的に倫理的で宗教的な目的に従っていた。それはキリスト教的ユマニスムと呼ばれるものである。

Ⅱ　民族大移動時代の教育

キリスト教は完全に勝利を収めたのではなく、民族大移動による危険にさらされていた。単にキリスト教徒や古代の人びとばかりでなく、ごく短い文明の時代においてもそうであった。六世紀にトゥールのグレゴリウスは「聖書の研究は完全に消滅した」と記した。この崩壊のなかで、修道院はキリスト教文化の最後の隠れ家になる。そこでは、古文書の保存や写本が続けられていく。一方、教育によって人びとは急速に変化したラテン語を学ぶことになる。修道士の修養のためにせよ、「部外者」の訓育のためにせよ、古代からの知識の遺産は守られていく。

そのような役割を次のような大修道院が担っていた。イタリアのカサン山修道院、フランスの聖ヴィクトール修道院とクリュニー修道院、スイスの聖ガル修道院、ドイツのフルダ修道院とヒルシャオ修道院、イギリスのカンタベリー修道院、アイルランドのアーマー修道院である。時代ものの作品だけがそこで筆写された。年代記、伝記、そしてとくに教育論としては、ド・カペラ、ポエティウス、カシオドロス、セヴィリアのイシドロス、ベダのものがあり、古代のものを単純に編纂したのだが、そこからは中世の文化的努力が始まっていった。

三世紀から九世紀までヨーロッパを揺さぶっていた混乱があったにもかかわらず、「教会」は人びとの教育を無視することができなかった。司教の学校は、特任教師とともにローマ時代の文法学校から中世の制度への移行を助けた。このようにローマ帝国の崩壊に際して、キリスト教は古代の遺産を拾い集める。そのことと異邦人の改宗のおかげでラテン語やローマ法が古典文化を残しながら、新しい国民のなかに浸透していく。分割されたヨーロッパは、キリスト教が救い、普及させた文化の単一の基礎を保っていた。しかしながら六世紀以後は、文明の発祥地となるのはイギリスとアイルランドぐらいである。そこは九世紀初めと、次に十二・十三世紀の二回のルネサンスの感化を受けた場所である。

だが、多くの昔の価値観や知識が失われたことに変わりはない。その知的退廃を判断するために八世紀のいわゆる聖アルバンの世界地図と、ヘレニズム時代の地理学者が作った地図とを比較してみれば明白である。伝えられたものは、すべてがローマ帝国の剽窃で、いい加減なものであった。

Ⅲ　カール大帝と宮廷学校

民族大移動によってもたらされた崩壊と反啓蒙主義以後のカロリング王朝時代は、一つの教育の再生を示している。この再生は統一性をヨーロッパにもたらすことになり、教育を古典的伝統に再度結びつけることになる。カール大帝がすがったのは、七世紀と八世紀に発展したアングロ・サクソンの文化である。ヨークのアルクインは大帝の助言者となり、西ヨーロッパの一種のモデルとなる宮廷学校の校長になった。しかし、アルクインは何よりも文法学者であったし、昔からの授業科目を信じきっていた。彼は、文法や音楽や数学に卓越している教員たちをローマから招聘する。その後、トゥールの聖マルティヌス司教はカール大帝に助言を与えつづけて、学校を発展させる。彼の弟子マウルスは、ゲルマニアにその影響力を広げた。宮廷学校の校長になったスコトゥス・エリウゲナは、弁証法を神学に用いて神学の先駆者になる。

カール大帝は宮廷学校による教育への関心を示したり、三十二歳のときには文法やラテン語の研究への関心を明らかにしただけでなく、さらに学校の創設を修道院に奨励し、聖職者にはより良い教育を求めた。もちろん、教育の形式主義や言葉だけの特色は、間違っているように見える。カール大帝の帝国は後継者たち、なかでも博識なシャルル二世の努力があったにもかかわらず、北欧からの侵入によって破壊される。しかし、いくつかの地方はこの破壊から逃れ、復興した庶民が過去の遺産を確実に守ることになるのである。

Ⅳ　中世を起源とする大学

十一世紀からヨーロッパに新しい秩序が組織されて、キリスト教徒の精神的単一性が国境を越えて形成されていった。おそらく、宮廷学校のような学校は、中世の教育の主体にはならない。家庭は家事仕事（とくに娘たち）と職業的仕事を伝えていく役割を継承しており、後者の仕事はこんにち理解されているように、明示された制度によって次第にできあがっていく。そのうえ、「騎士道教育」には独自の理想と自律的発展がある。それは体育や実用的教育（軍事訓練、馬術、狩猟）、歌、音楽、そして作法である。この教育は礼儀正しさ、女性尊重、名誉心を生み、それまでは乱暴で残酷であった人も、社交的になるのである。[1]

（1）Ｐ・リシェ『古代教育から騎士道的教育まで』（パリ、一九六八年）参照。

しかし、中世がもたらしたことで最も重要なのは、ヨーロッパの偉大なる大学において開花することになる高等教育である。それは現代の学校制度にも再登場してくるものである。現代の大学も中世のときと同じような学部に分れており、学部の試験の名前も変わらない。

当時の公教育機関は「講義または専門研究」から区別された、いわゆる一般研究であり、大学とは違う施設である。それらの一つひとつが教授と学生の集団によって自然に組織され、君主や教皇によって許可されていた。かくしてパリ大学の創設は、ローマ教皇特使によって認可されている。パリ大学は一二〇〇年に創設されたが、同じくオックスフォード大学（一二〇六年）、ナポリ大学（一二二四年）、ケンブリッジ大学（一二三一年）、モンペリエ大学（一二八三年）が次々に創設され、一三〇〇年になるまでに約一五校にのぼる。その後の二世紀のあいだに二倍になった。その他の大学はいわば「植えられた」のである。というのは、場合によっては強制されたからである。このように教皇政治はカタリ派の人びとが住むトゥールーズにも大学を創設した。一般的には大学は神学部のまわりに結晶化されるように創られ、ごく稀に法学部や医学部が補足され、教養学部（バカロレア水準）によって予備課程が確立されていった。教養学部の学生数が非常に多いので、大学の学長は、この学部から選ばれる。ここでは「七学科のリベラルアーツ」が教えられる。三学（文法学、修辞学、弁証論）と四科（算術、音楽、幾何学、天文学）である。実際に、教養学部は文法学とアリストテレスの論理を教えるにとどまり、そこからスコラ学の主要な科目である修辞学が生じている。

ほとんど高額な金を使わずに創設された平均的な大学は、ヨーロッパの国々から何千人もの学生を集め、教師たちが行き来していた。トマス・アクィナスはパリやローマやナポリで、アルベール・ル・グランはケルンで、ロジャー・ベーコンはオックスフォードやパリで見かけられた。大学はヨーロッパ精神を創造することに貢献する。それなりに独立して自由であったにもかかわらず、大学は自分たちの権利を得るためにカトリックの公認教義に支えられて、地方の宗教上の権力者や守護者であるローマ教皇または政治上の権力者に服従していた。十二世紀末、教えることを許可する権利をもつ司教付きの高官との紛争がおこり、パリ大学はインノケンティウス三世にすがって、セーヌ左岸に移り、それがカルティエ・ラタンになった。一方、知識や分別ある信仰に基礎を置きたいと思う者は、伝統に収まらない主題を研究しつづけた。「学生たちが鋭敏な能力で、何かの発見に成功したときは幸せである」と聖ヴィクトール神父は言った。そして神学を修めることが、人間や教育にふさわしい唯一の勉強であった。

中世の「学生たち」の人生については、ほとんどわかっている。十四歳になると教養学部に入学できた。彼らは長く勉強を続けることができた。そして、学生でいることは、貴重な特権をもつ身分であることだった。税金の免除や裁判特権もあった。自分が選んだ教師につくことができた。授業をする場所は少し行き当たりばったりで、麦藁の通りの馬小屋（学生たちは藁の上に座ったにちがいない）だったりした。あるときは特定の家で、ときどきは教師の家で行なわれた。そこではとくに、言葉の教育がすすめられた。教師は読み、話し、説明し、議論も行なった。その教育は、まず詰め込み主義という特色を示していたが、その時代の知識には制限があり、それが斟酌されていたことは充分に想像できた。

こつこつと手で調べていくような学習よりも、インスピレーションが優先され、宗教的意図をもった教育を厳密に組み立てるほうがよいと思われていた。この関係は「神学の修道女」の学科を作り、実際的な科学を犠牲にする。それが結局は、言葉や文章についての知識や、演繹的または弁証法的な論理の上に基礎を置いた形式的教育になったのである。そこには権威主義、教師の言葉を信奉する教条主義、そしてとくにアリストテレス主義が認められる。そして果てしない注釈、「口論」および解釈に訴えるようになる。それでも、「教会」の教理を説明するには「トマス説」のように合理的哲学を構築する欲求、理性と信仰の関係を明らかにする必要性、論理等の行使が、いかなる知的探求の分野であっても用意されるであろう方法論的な要求のための仕掛けを準備することは忘れなかった。記憶や分類や、むやみに字句にこだわる唯言語主義を無視することで、中世は合理主義を準備するのである。

実際は、大学教育が作ろうとしていたのは功利主義である。説教師や医者や、裁判所や役所の管理職になることが重要であった。そして、その形式主義にもかかわらず、大学はそれに成功する。多くの練習や反復のおかげで、「神学者たち」は雄弁家や法律家や医者になってその仕事に充分対応できるようになる。三世紀後の十七世紀の劇作家であるモリエールやラシーヌの作品のなかにも、中世の昔にいたような実務的な法律家や医者が何人も見つけられる。彼らは、「不幸にも現実的な知識を得ることに熱心で、学位や社会的地位の保証や技術力を現金に換算すること」[1]によって、お互いの価値を認めている。この学位や免状（大学入学資格、学士号、博士号）は、大学教育の現実的目的になる。それは時間的にも長くかかるだろうし、困難なことであり、金もかかる。博士号はとくに費用がかさむ。

（1）J・ベルジェール『世界の教育の歴史』の第一章、二九九頁。

勉強の生活以外では、学生たちは気晴らしを好む。喧嘩はしょっちゅうあるし、とかく若いときの評判は良くないものだ。一二二九年、居酒屋の主人と学生たちの喧嘩が原因で、教員と生徒たちがパリを見捨てて出ていった。「パリでの文学と哲学の勉強をやめて、この勉強のおかげで彼らは学問と知恵を手に入れたのだが、若き王はこれほどの豊かな宝が彼の王国から離れていくのではないかと大変に恐れ、書生たちを呼び戻して償いをした」とギョーム・ド・ナンジは言っている。

大学の力とはそのようなものであった。早くから教師と生徒は半社会的共済、半信徒団体である同業組合を組織していたが、それは力強く彼らの自主性を守っていた。しかし、しばしば内部分裂して、ひっきりなく争いにふけっていた。それでも大学は裁判、慣習をもち、隣りあう権力と戦う、いわば小さな国家を作っていった。流入した学生たちは「民族」ごとに――ピカルディ人、ノルマン人、イギリス人、そしてフランス人――出身地によって集まるようになる。学生たちのなかには裕福な者もいたが、貧乏な学生は、ときにはなんでもやって生活費を稼がなければならなかったのである。

十二世紀末に、貧しい学生や外国人学生を受入れるために、住居や賄を格安に提供する家が組織化されていた。そして、教員と学生は一人の管理人のもとで生活し、公共建物のようなもののなかで共同生活していた。それが一二五三年にロベール・ド・ソルボンが創設したと言われるコレージュの始まりであった。外国の国々も順々に各国の家を建てていった（スウェーデン人やデンマーク人のコレージュである）。やがて司教区や大修道会も同じような影響を与えていった。まずは単純な慈善施設やコレージュが創られ、ある日から教育が行なわれ、大学の附属として活動し、最後には教養学部に吸収された。

コレージュが開花したのは大学のおかげであるということを隠す必要はなく、その下にはいくつもの学校が発展した。まず第一には、教会の伝統的学校が大聖堂や寄宿女学校に結びついて存続し、そこではとくに読書、歌、算術、さらに文法と少々の論理学を教えていた。十三世紀には、これらの学校に加えて新しい修道会のものが創られていく（プレモントレ会、シトー会、ついでドミニコ会とフランシスコ会である）。十三世紀にできた実務学校についても述べなければならない。それらはイタリアやフランドル地方の商業都市において、国語や数学や簿記を教えた商業学校である。フランス南部の都市やイギリスでの法律学校、「文書」(証書を書く技能)学校で、法務省の代書生のための学校である。しかし、最も多彩で数が多かったのは、一般的に「文法学校」と呼ばれていた学校で、村の教室から都市の学校まであり、文法や論理学を上手に教授し、教養学部と競争するほどであった。

この豊かさは、十四世紀以後になると大学の衰退へつながっていく。大学はさまざまな学派で機能している。北欧学派を信奉する人は「改革」を言い、イタリア学派は人文主義者の性質を示している。十五世紀からは教育についての考え方が増えていき、支配的な思想は美学的意義を問うことであり、詩や修辞学に教育的役割を与えるものであった。

シャルトルやジェルソン、聖アンブロワーズの忠告を敷衍して、独創的な創造がなされるのはこの時代である。たとえば前述の二つの学派を引き合いに出してその例を挙げれば、生徒の道徳教育に専心する「共同生活の兄弟たち」の活動があり、イタリア北部ではヴェローナの人文学校(一四三〇年)とフェラーラ学校(一四三六年)の開設があり、マローネ学校(一四二三年)はヴィトリオ・ド・フェルトレが一つのイメージをもった名前を付けている。ラ・カーザ・ジョコーザ(楽しい家)である。

これらの輝きは、教育が進展していく必要から、本当の「ルネサンス」による新しい黎明を約束するものである。

V　中世の職業教育

職業教育が家庭生活と混然となっているかぎり、また手仕事が軽蔑される限り、職業教育について語ることはできない。キリスト教が諦めを説くのは、試練よりも仕事のなかに自分の義務を果たす方法を見出すからである。「働かざる者食うべからず」と言われるように、使徒パウロと「福音書」は、閑人をしばしば非難する。「祈ることと働くこと」は、修道士たちの秩序の大部分を占める、二つの黄金の規則である。

しかしながら、商業を生む都市の発展とともに労働の本当の分業が起こる。徐々に職人たちは労働者組織や会員たちの利益を守る組織である「ギルド」（同業組合）に集まる。ところが、利益を自分のためにとっておく誘惑があり、自発性をおさえる傾向もでてくる。まもなく四、五人で小さな仕事場を作るようになり、一つの階級ができる。親方と職人仲間と弟子である。そのギルドは職人になるための条件や、次に親方になるための条件を定めている。このようにして初期の見習工組織が生まれた。

親方に弟子入りした青少年は、「忠実で誠実そのもの」で働かなければならない期間が定められ、泊まり込みで親方の指導を受け、「誠実」に職務に精励し、仕込んでもらうことを、口頭で、もしくはサインして契約する。そしてそこを出るときに弟子は、職人もしくは親方になるのに必要な証明を得る。

見習期間は親方によって楽しくもなり、辛くもなった。

ギルドとその養成制度は、フランス革命まで続いた。それらが進歩の障害になるとみられるや否や、自由労働を前にして消えていくことになる。

この教育は、職業の厳密な必要性に応えるためのものでなければならず、知的で一般的な教育を斟酌するものではなかった。

おそらく、十一世紀から十三世紀までにギルドや大きな村によって創られた学校では、もっと寛大で自由な精神が見られた。商業活動に必要な基礎的学習以外に、しばしば明らかになって見えてくるのがその土地特有の言葉の教育である。

VI　アラブ人の教育

インド人、ビザンツ人、アレキサンドリア人の学者たち、もしくは彼らの後継者たち、または哲学者たちやアテネから狩りだされた学者たち、そして西イランにあるグンディー・シャープールの町の難民との接触を経て、イスラム教の文化には哲学や科学の価値を認め、それらを発展させていく長所があった。その当時西洋においては、おさえこまれていた科学的教育へのより大きな関心がここでは受け継がれていた。代数学や三角法の数学、数学者プトレマイオスによってもたらされた結果を完璧にした天文学、錬金術の実験にもとづいた化学、物理学および医学は重要な地位を占めていた。バグダッドのような町では、ガリエヌス（二一八〜二六八年）、アリストテレス、プラトンの作品がアラビア語に翻訳され、同様にして数学者プトレマイオス、ユークリッド、アルキメデスの研究が行なわれた。

アラブ人は、その貢献をまず彼ら独自の学校で広げていった。彼らはミスカワイ（十一世紀）によって述べられた原則から出発する。それは人間の本質は歪みを修正されなければならず、努力と引きかえに可能になるということである。彼らの教育は二段階で展開した。第一段階は、暗誦によって「コーラン」の美徳を子供に教えるコーランの学校であり、そこで子供は読み書きを覚えていた。子供はそのうえに計算のためのいくつかの知識も与えられていた。第二段階は、イスラム教寺院、礼拝堂あるいは特別な家庭教師によって行なわれた教育である。その場合は家族が金を払い、正式に登録される。文法、能書術そして法律を学ぶ。預言者としての時代の言葉を伝えるために、古風な詩も教えられた。

これらの学校においては、図書館のある文化的施設が付置され、カリフによって運営方針が変わった。そのようなカリフの一人アル＝マームーン(1)は「英知の家」と言われたアカデミーをバグダッドに創った。あるカリフはビザンティウムから、キリスト教の教えを理解する集団によってアラビア語に翻訳される前の、元のギリシア語テキストをもってこさせていた。カイロで彼に対抗するカリフは、自然のすべてに関する碩学たちが集まる巨大な図書館のある「英知の家」を創った。しかし、最も重要なことは、まずはマドラサ（学院）の創設であり、そしてもっぱら聖なる教育にあてられた簡素な宿坊である。十一世紀から十三世紀中頃までにマドラサはイラクで大発展して、とくにバグダッドでは一二五八年にこのような建物が三六棟あった。マドラサにおいてはいろいろな活動が広がっていった。文法、言語、「伝承」、「聖書注釈」そして神学も広がっていった。そして、法律は学習の主要な基礎科目であった。マドラサの公認された目的としてはっきりしているのは宗教的人間の教育であったが、一方では教師の養成であった。(2)

(1) ビザンティウムは、のちのコンスタンチノーブル、そしてイスタンブールである〔訳注〕。
(2) D・スールデル『教育の世界史』第一巻二七六頁。

マドラサが創設されても、古い制度は廃止されなかった。宗教的教育とともに技術教育や実利教育が未来の役人や職人や商人のために行なわれた。この基礎教育の教育形式が、数学者や医者の科学的専門技術にとって価値あるものだった。病人を世話することを学ぶ病院についても同じことが言える。

ヨーロッパの人びとと接触することによって、アラブ人たちは複雑な文化の伝達を行なう者になっていた。スペインにおいてはトレド、セビリア、ヴァレンシア、とりわけコルドバの学校が花咲くかのごとく発展したが、そこで教えていたのが中世の哲学にきわめて大きな影響を与えたアベロエス(一一二六〜一一九八年)であった。ヨーロッパを巡回する学生たちは、ユダヤ人通訳を介して、そこにアリストテレスを発見した。アラビア語からラテン語への翻訳書が刊行された。とくに、スペインのアラブ人宇宙学者たちによってあらかじめ完成していた進歩が受入れられなかったとしたら、十六世紀に急速に広まった現代地理学の父であるメルカトールの著作も理解されることはなかっただろう。かくしてスペインからギリシア＝アラブの学識が、ヨーロッパ中に広がっていった。このようにして中世とその後のルネサンスは、ギリシア世界の科学的伝統と結びついていった。

第五章　「ルネサンスの実現と教育の改革」

当然、中世の教育方法は、永久に存続していくことを目指した。そのため教育のやり方や機構は硬直化した。そして事件が起きると制度の可能性とその時代の必然性のあいだには深いゆがみができる。かくして権限の乱用や記憶の過度の訓練や、むやみに字句にこだわることに対する非難が、次第に正当化される。スコラ学的方法で教育を受けたガルガンチュア〔ラブレーの作品に登場する巨人、ルネサンス的人物の典型〕は「滅茶苦茶」に暗唱したテキストを二〇年間覚えながら、彼は「何も儲けない、狂人、馬鹿、夢想家そして惚れ者になっていた」。十五世紀になるとオランダの教育家、アグリコラは次のように書いている。「学校は監獄に似ている。そこには終わりなき呻き、涙、拳骨がある」。それは学校を愛させるための奇妙なやり方であった。そして、苦い思い出をモンテーニュに与えることになるのは、この学校の空気だった。

ところで、その時代は特殊な文明がいくつか続いて生まれた時代であった。望遠鏡のような道具の発明がなされ、羅針盤はその後の長い航海を可能にした。コンスタンチノープルの占領（一四五三年）によって追いだされたビザンツ帝国の学者たちやアラブ人のおかげで、科学的知識が再発見され、商業都市の発達は人びとに自信をもたせ、大胆な批評精神と自由を与えていくことになる。経済的やりとりに精神的やりとりが続き、文化の地平線が拡大していく。言語や国文学の発達は、ダンテやペトラルカやシェークスピアの作品を誕生させた。十六世紀にはフランソワ一世が、司法上の公式文書の言語としてフランス語を課すことになった。これらの事実は国民性の現われと一致し、信仰の自由や創造力に有利な条件を生む。一四四〇年のグーテンベルクによる印刷術の発明と羊皮紙の利用によって、より多くの人びとが本を手にすることができるようになり、教育の条件も変わることになる。

「偉大なユマニスト（人文主義者）レオン・バティスタ・アルベルティは、十五世紀イタリアの学校の教科書に見られる決定的変化に注目した。そして、それはヨーロッパのほかの国へと広がっていった」[1]。この変化はまずヴェネチアに亡命した東ローマ（ビザンツ）の人びとによって、しばしばギリシア語で書かれた文法の新しい本に現われた。その他のものも、それに続いた。学校の教科書すべてが改善され、生徒たちにとって理解しやすいものになっていった。

（1）J=C・マルゴラン『教育の世界史』第二巻、一六八頁。

このことは結果として一つの打撃も生まなかったのである。その意味ではルネサンスと宗教改革は、決定的な破壊を生むものではない。宗教改革はむしろより深い宗教心に回帰することである。そして、ユマニスムという思想のもつ自由もそれほどは全体にかかわることではない。

両者ともギリシア、ラテンの「古代」とは衝突しない。ルネサンスは固くそこに結びついており、宗教改革は文化を宗教的にし、聖書をすべての人にとって理解しやすいものにするという意志があるのにもかかわらず、母国語による学習ではなく、ラテン語で行なわれた。

したがって、ルネサンスとは中世に教えられていた古代に回帰するとしても、いままで無視されていたもう一つの古代を生むものでもあった。ルネサンスとは回帰することと見なされているが、それは本質の世界に対する関心であり、生きる喜び、認識への渇望、個人の尊厳の必要性である。そこから由来するのが、手作業でこつこつ行なう探求に向かう人文主義者たちの感動であり、ギリシア語やラテン語の研究であり、神学のためではなくあらゆる本質の認識のためである。キケロやプラトンがそうであったように、広く大衆に知られた人びとや歴史家たちのものが読まれている。医学や自然科学に代わって、偉大な文学作品と同様古代ギリシア・ローマの作品が参照される。そこからはラムスやピーコ・デッラ・ミランドラやレオナルド・ダ・ヴィンチのように、ルネサンスの人文主義者たちの知能万能主義が出てきている。ラブレーが描いた途方もない計画は肉体（考察している）と精神、実践と理論の認識、熟練と新技術、実証科学と古代言語、法と道徳を考えることである。

それは森羅万象のなかで直視された個人の宿命に委ねられた人間の概念において、ある深い変化を生んでいた。そこからもたらされた結果は、多分、人間が望んだものでもなく、避けられないものであった。観察と批評の科学的精神、教養で満たされる権利、真に自由な思考への要求、要するにそれは是非とも必要な教育である。エラスムス（一四六六～一五三六年）はロンドンのセント・ポール学校についてコレットに助言している（一五一三～一五一四年）。それは、学校のカリキュラム、学習の順序、教授法、学習方法、八クラスからなる学校組織、主要な授業科目などについてである。演説の誇張的言い方まで勧めており、それは彼自身が教師から受けたものであり、議論することが大切であるという。人は話をするとき神という創造者の身ぶりを手本にする。重要なのは物事の内実（あるいは本質）のためにうわべの言葉（あるいは事物や生物の表面的なこと）を言わないことである。まさにそのためにエラスムスは読み書きの技術を教育の目的にしつづけ、そのことが事物について言葉を優先させている。中世の荒々しいラテン語は禁止されるが、それは古典作家の純粋なラテン語を回復するためである。文化においては厳密に論理的で、もっと文学的でもっと優雅な教育に変わっていく。

広く好奇心をもつユマニスムの学者たちは、現実を説明するための苦心と学問の方法論的価値について知らないわけではなかった。ラブレーは人生の直接的体験を強く勧め、手仕事を除外することはなかった。モンテーニュはもっと進んで、人格形成や生きていくための知恵を教育に求めながら、彼が勧めたのは学問ではなく人生経験、人間の認識であり、旅であった。彼は書物による教育を、「精神の飾りで、基礎でないもの」を非難し、古代の言語の偏狭な学習や偏った形式への関心を非難した。「ギリシア語とラテン語は偉大で構成が美しいが、それらを手に入れるにはあまりに代償が大きい」。プレイヤッド派の人びとやデュ・ベレーも同様の非難をした。デュ・ベレーは言った、「（古代の人びとは）これらの言葉を学ぶのに費やす時間を、科学の研究のために使ったために、学習はそれほど孕まない（不毛な）ことにはならず、プラトンやアリストテレスの思想を生んだのである」。

一六〇〇年にアンリ四世が行なった改革に反して、何校もの大学は、拒否しているが、三カ国語学校（ヘブライ語、ギリシア語、ラテン語を教えた）は繁栄する。同様にルーヴァンやアルカラ（ヒメネス枢機卿の管理）の学校がある。パリではコレージュ・ド・フランス（フランソワ一世によって一五四〇年に創設）が、さらに東洋の言語と科学と数学などを教えた。他方、プロテスタントの改革がルターやツウィングリそしてカルヴァンとともに、真の教育改革を企てる。改革には無知が最大の悪に見える。ルターは書いている、「町の繁栄は、学識があり理性的で誠実な市民の教育にある」。学校はすべての人に開かれていなければならない。「もしも戦争兵器を購入するために大金が使われるなら……青少年を教育し育てることができる学校の教師たちのためには、なぜ大金が使われないのだろうか？　霊魂も天国も地獄もなくなれば、なおさら、学校がこの世に必要になるだろう。男性は仕事を適切に行なうことができるようになるために、そして女性は家事を取り仕きり、子供たちをキリスト教徒として育てるために……」。ルターは政治家に訴える。「この仕事を引き受けるのは支配者であるあなたである」。第一歩としてルターは、すべての子供が一日に少なくとも一時間または二時間は学校へ行けるように要求する。メランヒトンの助けでルターは、ザクセンとチューリンゲンに学校を創設する。聖書を直接読んで理解するようにし、より個人的な信仰心を大切にすることによって、宗教改革は新しい時代を築く。ドイツのある地方においてはは国が教育を引き受け、イギリスにおいては教会や民間の組織がパブリック・スクールを創った。深い考えをもった行動は、カトリック教徒を無関心にはしておかなかった。

I　イエズス会修道士たちのコレージュ

カトリックの宗教改革と呼んでいるもので、最も効果があった反応は、一五四〇年以降のイエズス会のコレージュの発展であった。プロテスタントについては、ストラスブールのギムナジウム（ドイツ・スイスの高等中学校）の創設者であるジャン・シュトゥルムの改革がよく知られているが、彼は一五六五年に、「敬虔なジャン・ルーシュランも、雄弁なエラスムスも神学者たちや修道士たちから手に入れることができなかったこと……すぐれた学者による教育……イエズス会修道士たちは、独自の活動で教育し……イエズス会修道士たちが私たちを補佐し、私たちの労苦の対象である文学を研究しているので私は嬉しい」と書いている。

教育制度を創ったイグナティウス・デ・ロヨラの計画には、初等教育のためのプログラムを考えることがなかったように、最初はその意図がなかったのである。しかし、その変化は速かった。「ヨーロッパで異端者たちと戦い、そしてこのほかの世界で「異教徒たち[1]」を改宗させることのできたローマのすぐれた兵士」を教育することは重要ではなかった。これからは医者や弁護士や裁判官や外交官、つまり最も高い地位に就く可能性のある人びとに行なった教育を、息子たちに施したいと感じているブルジョワの人びとを満足させることが重要であった。

（1）J＝C・マルゴラン『教育の世界史』第二巻、二一五頁。

そのことを行なうために、イエズス会修道士たちは教育計画を決め、無料にするとしたが、エリート主義で必然的に選抜的性格のものであった。その方法は実際に独裁的である。「しかし、人間の感情、子供や若者たちの心理についての深い認識によって築かれた権限であり、この権限は冷静に絶えず調整されている[1]」。

（1）前掲書。

きわめて中央集権的で階級的な組織であった。「総会長」が「管区長」を支配し、その下に念入りに選抜されたコレージュの校長が機能し、素直でおとなしい教授たちに対して強い指導ができる「生徒監」、そして学校教師としてよりも指導者として定義される教授たちがいる。おおいにコレージュは成功した。一五七四年に一二五校、一六四〇年に二五二校でそのときの生徒数は一五万人以上である。

基本法、そして教育法典は、学習期を二つに区分していた。最初は文法、人文学科、修辞学の三教科であり、二番目の学習期は哲学を三年間、神学を四年間行なうものである。また、コレージュでは幅広い一般教養にもとづいた中等教育と高等教育が同時に行なわれていた。講義はすべてラテン語と決められており、休み時間もラテン語の使用が求められていた。ギリシア語は少し教えられたが、ヘブライ語はもっと少なかった。豊富な蔵書の図書館、さまざまな研究に対応した施設が創られた。これらのコレージュで生徒は教師と一緒に生活し、スコラ学者である監督長たちに監視される。彼らは将来教授になるための見習い期間を送っている。すべてが暗誦、作文、「討論」、競争と賞、雄弁大会というやり方は、競争心とやる気を引きだす。生徒たちを二つのグループに分け、一人ひとりに競争相手がいて、「組長」の指導のもとに教科書を暗誦していく。彼らは毎日、毎月、三カ月ごと、一年ごとに復習をしなければならず息をつくまもない。このようなやり方はイエズス会が生んだものであり、しばしば現代でも受け継がれている。

劇場の使い方も考えねばならない。「イエズス会の修道士たちによって、若者の道徳教育のプログラムに最も積極的な要素の一つとして演劇は役立っていた……（もしも刷新しなかったならば）……舞台に登場するのは教師よりも生徒のほうが少ないことに気づかなければならない……そのクラスにおいては、イエズス会修道士がいつも目立っている……なんであれ、イエズス会修道士たちは舞台演出する題材や演目全体をせっせと取り替えていた……そこで、ある原則は明らかであり、若者の心理の鋭い感覚と幕間の余興の気晴らしは、完全に両立していた[1]」。

（1）前掲書、二一五頁～二二三頁。

このようにイエズス会修道士たちは、多くの道徳的・宗教的訓練を行なっていた。彼らは道徳的影響力と愛情で若者たちに働きかけて効果をあげている。その理想と美的・教育的な教義とともにその影響力は二〇〇年にわたって認められる。多くの作家が、彼らのコレージュで教育された。デカルト、ボシュエ、モリエール、ヴォルテール、ディドロである。やがて、風習や政治の発展によって、授業計画の厳格さ同様、この教育形態は何らかの方法で禁止されることになった。しかし、ジャン＝クロード・マルゴランが言うように、イエズス会修道士たちこそが「現代の若者にとって本当に偉大なる教育者であった」と私たちは結論づけることができる。

第六章　十七・十八世紀の教育

I　初等教育

十七・十八世紀の教育は、まだ限られた少しの人が恩恵を得るものだった。それは多くの場合、国民がなおざりにされているか、きわめてお座なりの教育しか与えられておらず、文化にふさわしいものではなかった。この初歩の教育は、司祭が司る教会区周辺で発達した学校で行なわれていた。一般的には当座しのぎの建物のなかで読みを、次に書くことを教え、ときとして何らかの計算の方法を教えるのであった。若者の人間形成に重要なのは、カトリックの公教要理と賛美歌であった。これらの学校は「慈善学校」と呼ばれ（つまり無料である）、公《おおやけ》によって組織されているか、十七世紀に増加した慈善的な寄金によるものである。教員たちは司教によって指名された司学官に許可されなければならず、教育に関する試験を受けて、満足な結果を出さなければならない。ときどきは学識不足の者、教会での活動に対する謝礼または市町村から支払われる俸給だけの低収入の者、しばしばいくつもの仕事を兼務しなければならない彼らは、依存する身分でいつも不安定な生活を送っていた。

学校数は、地方や時代によって大きく変化した。モン・サン＝ミシェルとジュネーヴを結ぶ線の南西地域では、文盲者数は大変に多く、ブルターニュ地方の成人の二〇パーセントしか自分の名前をサインすることができず、リムーザン地方では一〇パーセントであった。当時、ノルマンディー地方またはフランス東部の男性の八〇パーセント、女性の五〇パーセントは自分の名前を書くことができた。都市部は恵まれていてそれ以上であった。

ポール＝ロワイヤルの小学校が設立された例のほかには、労働者階級の子供たちのためにジャン・バティスト・ド・ラ・サールによって一六八四年に創られたキリスト教教義普及会の活動がある。その創立者は、ランスに教師を養成するための神学校を開学した。彼は将来の教員が経験を積むための実用学校をパリにもう一校設立した。結局、彼は商業や工業に対応する職業教育を組織した。考察すべきはこの進取の気性である。

ジャン・バティスト・ド・ラ・サールより少し前に、リヨンの教会参事会員シャルル・デミアは自分の教区のためにサン＝シャルル神学校を創り、師範学校の生徒の集団が教育を受けている。この集団は知識や能力によって読み書きを教わるいくつかの集団に分けられ、それはこんにちの能力別編成グループと呼んでいるもののもとである。

ジャン・バティスト・ド・ラ・サールの功績の一つは、フランス語を学校に導入したことである。その規律は沈黙を要求し、そしてとくに個人的教育の代りに集団的教育を行なうことであった。「普及会」の学校は成功したが、それでも一七九〇年の生徒数は三万五〇〇〇人に届く程度であった。

外国では、たとえばイギリスでは小教会区の学校もまた、慈善によって設立されている。それはドイツで新教徒のフランケによって設立された貧しい人びとの学校のように無料であった。

教育が人びとの権利となって慈善でなくなる時代になるのは、まだまだ遠い。

子供と大人の世界的教育の普遍的プランを作ったモラヴィア人教育家コメニウス＝コメンスキー(1)(一五九二〜一六七〇年)の功績が、外されるなら、三世紀にわたって数カ国語の学習マニュアルとして用いられ、数カ国語に通じた彼の主要作品である『言語への開かれた扉』(一六三一年)を白紙にしなければならないだろう。

(1) ドニ・マルセル『教育の世界史』第二巻、二〇五頁〜二一一頁。

未来のフィリップ平等公の子供たちの家庭教師ジャンリス夫人には、創意工夫に富んだ印象的な教育の例を見ることができる。彼女は幻灯を利用して、いくつもの機械模型を作らせた。子供たちに細かい演技をする遊びをさせ、複数の生きた外国語に浸らせた。

もちろん、この場合は家庭教師という貴族的な教育形態によるものである。

Ⅱ　中等教育

中等教育は、まだ特権のある少数の人びとに限定されたままであった。一六六〇年頃は、「身分の高い人」の息子が生徒の半分を占めていた。商人、医者、役人の子供たちが四分の一から三分の一で、残りは職人や農家の息子である。

そのうえ教育の中身と方法はあいかわらず抽象的で難解であった。そのうえ、とくに国民文学や現代科学の発展によって教えなければならないテキストが著しく増加していたので厄介だった。たとえば、ガリレイ、ケプラー、ハーヴェー、デカルト、パスカル、トリチェリ、マリオットなどである。解剖学、医学、数学、物理学は大きく飛躍した。しかしながら、学校はこの進歩を無視し、そしてその実験方法を認識しないままでいたので、自身に作用する世界を理解するだけだった。教育は頑固に古代の精神を守り、ギリシア人の特性を滑稽なほど模倣していた。

実際に、コレージュでのラテン語で首席の生徒は、時間割に毎日ラテン語があったに違いない。十八世紀においても、ジュヴァンシー神父は母国語に専心しないことを強く勧める。シャルル・ロランが作品をフランス語で書いたのは、国語の勉強時間が一日半時間だけ辛うじて許されたからである。

時代遅れのこの理想に対して抗議する人びとの数は絶えず増えていった。イギリスではフランシス・

ベーコン（一五六一〜一六二六年）が自然研究の価値を認めた「科学復興」を宣言し、作家や「弁舌家」しか生まず、言葉だけで満足する「ユマニスム」を非難している。「観察と経験だけが真の認識へ導く」のであり、それは自然という科学の基礎を築く帰納法によるものである。

同様に、デカルトは同時代の教育を非難するが、とくに演繹的論法の過度の使用または三段論法を非難している。デカルトは他の方法を定めている。「私はあるがままを認識するものしか真実として受け入れない。最良の解決に役立つ部分に困難を分割すること。秩序立った思考を導くこと、より簡素なものから……より合成されたものへ」。懐疑、自由な探求、方法への要求は、教育にとっての有効な道具になるであろうし、それは認識よりももっと重要な方法であり、真実以上の真実に向かっての歩みである。このようにして科学的ユマニスムの要素が与えられていく。

すでに引合いに出されていたコメニウスの実証的批判は、次のような意味になるであろう。「教えることは、言葉や格言や意見の蓄積を教え込むことではない。それは事物を通しての理解を始めることである」。彼は直感的な方法、例文や慣用による文法の勉強を強く勧める。この勉強の基礎は、母国語でしかありえない。つまり能力の発達という自然の理法に従って存在全体の目覚めを強く勧める。全体としてこれらの見方は、続かなくなる。しかしながら、フランスに二五〇校ある「オラトリオ会のコレージュ」では教育の最初の数学年はフランス語に重きをおいている。歴史や地理や諸科学についても同様で、高い評価を得ている。

十七世紀中頃に、霊感に従っていたヤンセン派の人びとは、母国語による学校教育を始めている。彼らは対話、課題作文または物語といったものを勉強に使用する。彼らの教師の一人であるランスロットは、ラテン語を学ぶ方法をフランス語で書いている。彼らは勤勉にギリシア語といくつかの外国語を教える。とくに、知性と人格の形成を目指す。彼らが理解するのはそのなかの一つの言葉だけではない。ニコルは「理性を改善するための道具としてしか学問を使わない」のである。しかしながら、人間の本質に関して悲観論的に考える彼らは、規律や道徳や社会的関係の領域で消極的な姿勢を遵守する。彼らの学校は一六六一年からのルイ十四世の親政の迫害によって閉鎖された。

これらのいろいろな試みの失敗は、とくに一七五〇年以後広がる批評家たちの格好な餌食になる。ラ・シャロテは一七六三年の『国民教育試論』のなかで「あたかも私たちの言語には手本がないかのごとく、私たちの教育がフランス文学をなおざりにするのは恥ずべきことである」と書いている。ディドロは、「名作文学という名のもとに勉強するが、二つの言語〔ラテン語とギリシア語〕は死語であり、ごく少数の人びとにしか有用ではない……。修辞学という名のもとでは、思考するよりも話をする技術を、思想を持つよりも上手に述べる技術を学ぶのだ」と書く。

しかしながら、歴史の圧力にはなかなか逆らえない。デカルト哲学は、少しずつ浸透していく。リヴァールは一七三二年に『幾何学の基礎的原理』のなかで、哲学の授業で数学の基礎を説明するようになったことを明らかにしている。

十八世紀の後半になると、伝統的な修辞学にフランス文学コースが加わる。プリュシュ神父の『自然の光景』やノレ神父の『物理学教本』のような作品も学校で使われるようになる。一七七〇年以後、すべてのコレージュが物理教室を設けるようになる。多くの親たちはもはや、数学しか信じなくなっている。全体としては、「一般的物理学」、つまり「世界の原理についての討論」にとどめられている。科学的精神が再び教育から消えていくのである。

III　高等教育

十七世紀と十八世紀の大学は、変わることのない四学部を擁して、輝きのない歴史を重ねていた。それらの学部はあくまでフランス語を使わず、そのやり方を変えていない。頑固にアリストテレスだけにこだわり、デカルトを禁じている。

全体の学校数では一五〇〇年に約六〇校であったが、一七八九年には一二〇校に推移している。それらの学校は、国内・外の研究を認可するだけの役目を負った組織を徐々に作っていく。さらに、大学の研究期間と試験の難度は減少・低下の傾向にある。学生たちの数はきわめて不安定である。オックスフォード大学が一五五〇年から一八〇〇年のあいだに約四〇〇〇人の学生を維持しつづけた一方、サラマンカ大学〔スペイン〕では同期間に三〇〇〇人から三〇〇人に減少した。進歩には限界がある。進歩はとくに十八世紀末の文学概論や科学入門に見られたが、さらにプロテスタントの国々にあっては何らかの聖書文化研究において示された。貴族と、ブルジョワ階級に近しい貴族の同縁の人びとは、とくに新しい研究に興味を持っていた。

結論としては、大学はだんだんと成長するのであり、したがってコレージュは栄え、アカデミーは増加する。リンスからローマまでのアカデミー、一六四五年に創立したイギリス王室アカデミー、一六六六年に設立されたパリ科学アカデミーがある。

Ⅳ 女子教育

女子教育を研究すると、とくに宗教的観点にまでたどりつく。十七世紀と十八世紀には理論的だが、実用的でもあり、より普遍的な教育についての関心が示される。フェヌロン（『女子教育論』一六八〇年）は、女性の本質のなかにある大きな自信を証明している。世俗の女学校に若い女性が閉じ込められ、そこで長いあいだ深い無知のまま成長するのだが、彼はその習慣に反対し、女性に教育が与えられることを望んでいる。読み書きを覚え、文法、歴史、文学と芸術を学ぶことを認めている。しかし、音楽は有害な気晴らしになるということで除かれる。彼は教育と遊びを混合した教育を勧めている。

フェヌロンは、その理論を新しいカトリックの女学校の指導に適用した。貴族でも貧しい娘や、死に別れたり没落した役人の子供たち二五〇人を教育するために、一六八六年にマントノン夫人によって設立されたサン＝シル修道院のような学校もある。女性の知的教育は旧態依然としたままである。まるで手仕事の習慣、劇場のように制御された娯楽のようなものである。女性は本質に従って発達することができる権利を持っているのだろうか？　フランス革命前夜の時点では、その質問は残されたままであった。

第七章　フランス革命と教育学

現代の教育は、さまざまな情勢と結びついて生まれるが、一七八九年のフランス革命が演じた役割は最も重要と言わなくてはならない。そして、たとえその直接的な影響が束の間のものであったとしても、十九世紀から二十世紀までに取られた対策のすべてにその影響が見出されることであろう。

I　前兆となったもの

おもな風潮は、伝統という硬化症を打破する方向に結びついている。たとえば、新しい社会階級（それはだんだんと国民に広がっていって複数の層の人びとにもたらされるが、まずはエリートたちにもたらされる）、その後のあらゆる情報を必要とする技術文明を伴う経済的生活の進化、思想と観念（または制度）における変容、合理主義（理性をすべての者に平等な道具とする）、国家の統一という思想とやがては行動と思考の普遍主義などがそのおもな風潮である。これらは教育の観念を変えるものである。

十八世紀末には、三つの流れが強く働いている。

第一は、イギリスのロック（一六三二〜一七〇四年）の哲学で、彼はすべての観念の起源は感覚であると理解する。知識とは知覚によるものでしかない。美徳や能力は、習慣の形成によって外部から発達させることができる。教育は興味にもとづかなければならない。ロックの思想は、ほとんどすべての改革者に影響を及ぼす。とりわけ、フランスのコンディヤックやドイツのヘルバルトである。

第二の流れの源泉であるジャン＝ジャック・ルソー（一七一二〜一七七八年）は、ロックから着想を得て観点を広げていく。『エミール』（一七六二年）は、発売禁止となり、国外追放の処分を受けたが、彼は心理学や自然にもとづく教育の基礎を築きあげた。ルソーはあらゆる教育学的考察において、子供を中心に置いた教育のコペルニクス的転回をもたらした作家である。そこから彼が示すのは、単に教育学の第一級協力者の地位へ児童心理学を向上させたばかりでなく、一般的にそれぞれの子供や大人の本質に適した要求をすることだった。そこにあるのはルソーの思想の奥深い意味であり、彼はその著書の一頁目から空想的な夢想を非難することに反論する。「子供は少しも理解されていない。まちがった観念にそっていけばいくほど、それだけ道に迷う。最も賢い者たちは知識があるということにこだわるが、子供たちが学ぶ立場にあると見なしていないのである。彼らはいつも子供のなかに大人を見つけ、子供が大人になる前のものであることを考えていない。そこに私自身が最も重視する研究がある。そのために私のやり方のすべてが空想的で見当ちがいでも、私の考察はいつも利用できるはずだ。私はすべきことがわからないこともありうるが、しなければならない主題についてはわかっていると信じている。それゆえに、あなたは生徒たちをもっとよく研究することから始めなさい。なぜなら、あなたが生徒たちのことをまるで知らないのは、まちがいないのだから」。

実際に、ずっとのちになって科学が立証することになる心理学上の多くの法則をルソーが直観的に発見したことに対しては、感謝しなければならない。教育は、子供の本質に根拠を置いたときにしか有効でありえない。それゆえに教員は本質を知るよう、本質が表わされるよう力一杯努力しなければならない。同じ理由から子供たちの興味や能力や活力という、自然に持っている成長の段階を教員は尊重するのである。それというのも段階を何度も変更して、進展を急がせることは無意味であるからだ。「現在の興味が、そこでは大きな原動力となり、それだけが思いがけない結果を引起こす」のである。したがって子供にとっての最良の成果とは、本来の創造者になることである。なぜなら、よく言われていることとは反対にルソーは、能力を信奉しないからである。子供が大人のミニチュアでないことを、彼の考察は明らかにする。「各年齢の子供たちには、それを動かす原動力がある」のだ。成長の欲望を利用することは、最も効果的な力になる。不当な、または強制された干渉というものは、見せかけであり欺瞞である。したがって、規律は受入れない。競争心や処罰では人間は変わらない。もっと悪い方向へ堕落させる。「奇妙なことは、子供たちの成長に関わりだすようになると……子供たちを導くために、競争心、嫉妬心、虚栄心、下劣な恐怖心、魂を堕落させる性急な情熱を抱くようになり……あらゆるものを道具にしようとしたが、成功するのは一つだけ、許可を与える必要のない決まりきった自由……最も短気な情熱によって突出した子供は、奴隷の最も下劣な心と被創造物としての最も惨めな精神とを同時にもつ暴君である」。

ルソーが勧めた教育は、心の底から子供を尊重することであり、それが社会的教育である。エミールは、善き市民、善き父親、善き労働者になるように定められている。彼の宗教そのものは社会的である。それは兄弟愛、義務の意識、人間としての最高の尊厳を尊重させるものである。

ルソーは、終わることがない多くの思想を説いた。たとえば、「生きること、それは私がエミールに教えたい役割である」。学びはじめの頃、書物はその地位を守るが、個々人の経験を追いはらうことはできない。ルソーは積極的な方法を勧める。彼は理論家ではなかったが、天才的であった。彼はカント(『教育学』)やドイツの慈善家たちのように、そのなかにはバセドゥーもいるが、多くの思想家に影響を与えることになる。そしてさらにスイスの教育家ペスタロッチ(一七四六~一八二七年)がいる。イベルドンにある彼の学校では、児童心理学にもとづく注意深い教育を明確に示している方法を用いた。最も貧しい人びとのために身を捧げた彼は、世界中に小学校教育を求め、真のユマニテ(人文主義)の探求を目的とした。そのような行為は人間としての内面的成長の尊重と知識から生じる。ペスタロッチにとって観察、感覚の知覚は知ることとの基盤になる。教育は言語と結びついた環境を直接経験することとともに始まる。直観は教育の原則である。同様に、良き習慣や美徳の実際的訓練は、道徳の基礎を築くだろう。したがって最も大きな地位を占めるのは、自発的な活動や表現になる。認識は近くのことから遠くのほうへ及ぶ。しかし、この原則の説明だけでは、この教育方法の本質を復元できないであろう。この人間の献身的行為全体が「子供たちの滋養」になるのである。

ルソーは社会的、道徳的価値や労働の知的価値を示しながらエミールに役割を与えた。革命前夜の思想で、第三の流れである百科全書家たちは、職業や技術に関して考察する。そんな風に彼らは、手作業の仕事を運命づけられている人びとの集団におけるように、積極的なエリートにも必須の「ユマニスムの技術」の下準備をする。『百科全書』（一七五一～一七七二年）は、科学、芸術および職業の理論的事典で、それらの理論体系的な技術は定評がある。百科全書家たちやそのリーダーであるディドロや啓蒙時代の哲学者たちのおかげで、功利主義者の姿勢が明らかになる。しかし懸念が、仕事を持っている個人や技術を持っている精神を抑制することになるだろうが、文化全体や社会的連帯の要求を示す前に「手の栄光」を回復することから始めなければならない。ディドロは、科学を優先させることを主張した。詩人、歴史家、哲学者、批評家は必要だが、技師、農学者、経済学者、専門技術者もけっして充分とはいえないだろう。

他に新しいことは、「一人ひとりが学ぶことは奪うことができない権利であり、その権利は誰にも譲渡できないこと」を国に要求したことである。ダントンは、「子供は両親に属する以前に、共和国に属する」と言っている。教育の「国有化」に向かって歩むことになる。

II　十八世紀末の技術教育改革

まずここで述べることは、十八世紀が改革を終えているということである。すでに、技術と名の付く学校は存在しており、技師や建築家として国の要請に応えるためであった。聖職者や法律家を養成するために整備されたコレージュは、これらの技術者を養成することはできなかった。それは軍人学校の目標となる。アンリ四世によって創立された学校は、王の技師の集団として、多くの技術者や学者を輩出していった。そのような学校に一七四八年創設のメジエール工学学校があり、難しい入学試験に合格して入学した生徒に科学的で実利的な教育が行なわれていた。ヴォルテールが反対していたのは、コレージュの教育方法ではなく、軍人学校で行なわれるような教育であった。言語、幾何学、兵法、防備施設、当時の歴史である。革命の最中、国民公会議員ラクロワはこの教育を称賛している。「政府は……職業軍人となることを希望する若い生徒たちに数学、物理学、歴史、適切な範囲内に閉じ込められた古代の言語よりも母国語を教えた。軍人学校の創設は……公教育を改善するための偉大な経験になった」。ラクロワは、これらの学校で教えていた。たとえばモンジュやラプラスはその生徒だった。彼らはメジエール学校にみられる改革された教育に刺激されるのである。

Ⅲ　フランス革命の成果

全国三部会召集に際して国王に提出された陳情書は、教育を国家の事業と定義しており、「医学、軍事活動と技術に有益な科学……道徳、すぐれた文学、現代語、国際法、歴史、自然法則」を結びつけている。

一七九三年九月十五日の政令は、コレージュを廃止して、三段階の教育を制定し、それはその後に実施された。多くの計画が実施日を変えているが、タレーランやラカナルや、とくにコンドルセの計画もそうであった。すべてが人間を磨くとともに、同時に社会に奉仕するという新しい目的で一致している。それはすでに、一七六二年に現われた思想であり、そのとき、ナバール神父は「祖国の義務という崇高な研究」を勧めた。

要するにその準備段階に関係するのは、十七世紀の教養・才気に富んだ紳士（または中世のキリスト教徒）ではなく、「知識や経験を積んだ市民」だった。

コンドルセの著作を読むと、三段階が明確にされて、進歩を予想することができる。「まず、最初は一般的教育で、……二番目としては磨きをかけるに有益なさまざまな専門的研究で……三番目は結局、科学的なもので、人間精神の改善に向かう人びとを教育しなければならない」。自由への愛、進歩のもつ深い意味に従って、もっぱら教理を教える団体の設立をコンドルセが公権力に禁じたのは本当である。彼はまた「団体みずからが生徒を募集するような団体に教育を委ねないように」と要求するまでになった。

住民三〇万人に一校を目標に国立高等工業学校を設立したのは、ラカナルによる一七九五年二月二十五日の政令である。その科目には数学、物理、実験科学、精神科学および社会科学が含まれていて、その方法論は、けっして大雑把なものではなかった。ルネサンスのときにはこのような変化はなかった。精神が現実と接触して手に入れられるものを教育学は認めていた。フルクロア（一七五五〜一八〇九年）

は国立高等工業学校についての報告書のなかで書いている。「死んだ言語の基礎を反芻することで生徒たちを疲れさせるかわりに、想像力を働かせて現象や創造や自然の光景を得る……その知的能力をもう言葉の研究だけに限定することはない。事実であるものは精神を豊かにする」。

法律の条文は「公立図書館、校庭と博物学の教室、化学と物理の実験用教室をほとんどの学校が備えること」を規定していた。古代の人間的価値を忘れる（たとえば事物への過度の注意力によって）おそれがあった。しかし、科学の研究は、人間の研究と重なりあっていた。一般文法、歴史、法律学と言語を経て、文学の教育によって完成するものであった。明白な一貫性がこのユマニスムを司り、各研究分野に生徒たち一人ひとりを順応させるために、いろいろな水準に従った方法や科目の選択がなされることになる。一八〇二年に国立高等工業学校は、ナポレオン・ボナパルトによって廃止される。しかし、改革の推進力は与えられる。その数世紀後、教育は突然に活気を帯びる。古いレトリックが再び導入されるが、それでもなお十九世紀は新しい学問が効力あるものとして到来するときだった。

同様に、教員養成のための師範学校の計画は、おそらく数カ月しか勉強しないパリの学校にしか及ばなかったが、一八一〇年に、バ＝ラン県知事が最初の初等師範学校を創立し、手本が示された。

国民公会は多くの小学校にかかわる仕事をする。ラカナル法（一七九四年十一月）により、人民によって名付けられた「教師」を任命し、審査委員会によって承認され、国家によって金が支払われる。その教育内容は読み書き、基礎的な計算、話し言葉と書き言葉のフランス語、時事研究、最も日常的な自然の生産活動、共和国の道徳、英雄的行為の選集および「凱歌集」を学ぶことである。しかしながら、革命令暦第四年の霜月三日(1)の法律によって、国民公会そのものは小学校の数を減らし、家庭が教師に金を支払うようにさせて教育の無料化を廃止する。

(1) 現行暦では一七九五年十月二十四日〔訳注〕。

反対に、高等教育において国民公会が異彩を放つのは今もなお存在しつづける機関の創設によってである。理工科大学となる国立高等工業学校、高等師範学校、マルス学校または士官学校、芸術工学院、東洋外国語学校、国立図書館、黄経局……などである。

かなり多数の案が出されて、この短い期間に重要な決定がなされたことが認められる。

第八章　一八一五年から一九四五年までのフランスと外国の教育

I　一八一五年から一九四五年までのフランスの教育

1　基礎教育の拡張

「十九世紀は、初等教育が花ひらく重要な時期である」。このシュヴァリエ神父の判断は、初等教育の発展（完全に秩序あるものとして）によって、教育の必要性の面でも、あるいは教員と生徒の数や態勢の面でも確固たるものとなる。フランス革命前のアンシャン・レジーム（旧体制）下では、王宮の一人の代理人が学校を任されていた。王政復古時代は、特別な活動を組織化して、目立ったものになり、一八二三年には「国民教育省」が創設され、フレイシヌス大臣に委ねられる。教育は複雑な社会のものとなり、多様な要素の結果を示すものとなる。まずは人口増加に対応して、生徒の受け入れと教員の養成が同時に取り組まれることになる。

次に、科学的、技術的発達が重要となり、一八一五年以後に拡大する。若者たちの資格への要請が次第に増大していくようになり、彼らは新しいといわれる教育を徐々に目指すようになる。

民主的思想の高揚に何かが加わるが、とくにそれは一八四八年の革命的な炎〔二月革命〕とともにであった。この高揚はより長い期間の義務教育を課すこと、基礎教育の無料化に向かう。同様に、革命と戦争の影響にも注意しなければならない。当時は微妙な多くの問題が存在したが、学校の向上と発展によってしか解決できないように見える。変化は、それまで隠されてきた集団の精神状態に認められる。

偉大な見者の役割をはたす人物たちは非凡で、制度や職業——教育集団——を進歩させることができる。教育集団は、教育環境にとってきわめて必要な調和を乱すリスクを冒すよりも、むしろ過去を追い払う傾向がある。私たちが挙げられるのは次のような人びとである。フランスやドイツに影響を与えたペスタロッチ（一七四六～一八二七年）。オーウェン（一七七一～一八五八年）はスペイン、イタリア、スラブ諸国。フレーベル（一七八二～一八五二年）はスペイン、フランス、イギリス、日本に、マリア・モンテッソリ（一八七〇～一九五二年）はスペイン、フランス、オランダ、東南アジア諸島に、ドクロリーはフランス、スペインに影響を与えた。現代に近づくにつれ、たくさんの人びとが挙げられる。マカレンコ〔一八八八～一九三九年〕はスラブ諸国に、フレネ（一八九六～一九六六年）はドイツとラテン・アメリカに影響を与えた。アンドレ・ベル、G・ケルシェンシュタイナー〔一八五四～一九三二年〕、M・A・ジュリアンのように、ペスタロッチの学問および比較教育学の真の伝道師になった者もいた。一方、J・デューイ〔一八五九～一九五二年〕はドイツ、イタリア、東南アジア諸島および日本を遍歴した。

一方、イギリス（一八一五～一八三〇年）にはフランスの就学前教育と初等教育の深い影響が見られる。

プロイセンとザクセンでは一八三二年から一八四〇年までにモデル校が創られるが、単に師範学校ばかりでなく、V・クーザンのおかげでリセ（高等中学校）も創設される。一八二六年以後は、スウェーデンとデンマークが西ヨーロッパのいくつかの国の手本になる。ヨーロッパの国々は広大な植民地において自分たちのやり方で「文化変容を起こさせる」ことを欲していた。

教員集団の保守主義を振い落とすために、より多くの知的で独創的な人びとの力を活用することが重要である。これからはフランスに限ってギゾーやデュリュイやフェリー以外の人びとについて述べていく。

これらの人びとが活動するのは順を追ってであったり、全員が同時であったりするが、結局のところ教育制度が広がるようになる枠組を合法化する上層社会に属する一員が行なっている。その制度は少しずつその特色を明らかにして現実のものとなっていく。

ただし、この時代の大部分の適切な教育学的発意は、中央官庁に帰すべきでないことを注意しなければならない。男性教員や女性教員の師範学校は、ストラスブールの男性教員の師範学校（一八一〇年）を真似て創られたものであった。一八三一年には、師範学校は約三〇校になり、一八三五年には七三校となる。

ヴォージュ地方のJ・オベルラン牧師と女性協力者ルイーズ・シェプレールは、小さな子供たちのために熱心に活動していたが、牧師の死後は続かなかった。

一八二八年にイギリスへ旅行したのちのド・パストレ夫人は、パリに定員一二人の「託児所」を開設する。そして、その維持はいささか困難であった。一八四四年にパリ第一区の助役であるF・マルボーによって再建されることになる。彼は「子供に安全と敬愛に満ちた教育の基礎を提供する保育所」を設立する。一八七九年末には一七二ヵ所の託児所が存在していたが、そのうち三〇ヵ所はパリにあった。

ほとんどそれに平行しているが、いつも有力者のおかげで「保育所」が生まれている。一八二五年、ド・パストレ夫人がいわゆる保育所に八〇人の子供たちを住まわせた。もう一つの例は、パリ第十二区長のJ＝M・ドニ・コシャンによって一八二八年に完成したもので、オベルカンプ家に生まれ、資産家で寛大な女性ジュール・マレ夫人の協力による。マレ夫人の友人ミレ夫人は、新しい託児所とそれに併合した師範課程（教師たちの養成）を管理することになる。一八三六年には、フランスに約一〇〇ヵ所の保育所があり、一八四三年には一五〇〇ヵ所になった。これらの施設はそのときまで規制されずに発達してきたが、規制する必要が生じてくる。一八三九年十二月二十二日の政令は、保育所を「慈善施設であり……幼い子供たちが物質的な世話と年齢に応じた初等教育を受けることができるところ」と定めている。これは師範学校の新校長で献身的な女性であったマリ・パプ＝カルパンティエ（エルビニエール＝ルベール夫人が言う「輝く活力」のもち主）の意見であった。やがて不幸にも保育所は相互教育や専門的教育の方法を過度におしすすめることになる。

ポリーヌ・ケルゴマール夫人の厳しい告発後、幼稚園が保育所に代るようになる。各市町村において学校を設立・運営していくよう市町村当局に要請するギゾー法（一八三三年三月十一日）によって組織された幼稚園が現われる。この幼稚園は、とくに大きく発展することになる。幼児数は、二十世紀初頭で五七〇万人（その五分の一は私立幼稚園）を超えることになる。幼児教育の予算額は一八〇〇年の五〇万フラン〔七万六〇〇〇ユーロ〕から一八四八年には三〇〇万フラン〔四五万ユーロ〕に、一八八〇年の一億フランから一九一四年の一億四〇〇〇万フランに増額されていった。幼稚園数は一八二九年の三万園から一八四八年には六万三〇〇〇園に推移した。

このような数字から明白に推定されることは、国家の働きの増大、つまり実際は学校の非宗教化の前進である。確かにギゾー法は、私立学校に許可しているように宗教教育を維持させている。同様に、一八五〇年五月十五日のファルー法も、司教への従順という単純な書面一枚で宗教団体による教育を許可するが、本当の基礎教育を組織化するのは第三共和制である（ジュール・フェリー法およびポール・ベール法）。数年間で確立し、適用されたのが学校における政治の原則であり、誕生した民主政治の原則である。子供たちを学校へ送りだすよう家族に義務が課され、各々の市町村（そして三キロメートル以上離れている各々の小さな集落においても）に学校を創る責任が国にあるというものである。学校における教育は無償で、非宗教性が公教育の中立を保障しており、宗教教育は家庭や聖職者に委ねられている。そして、この教育を受けさせる両親の了解を得るために、特定の学校を除いて、学校は週一回休まねばならない。

これらの規定は一八八一年六月十六日の法律、一八八二年三月二十一日の法律、一八八六年十月三十日の法律の対象になる。一八八九年七月九日の法律は、教員の待遇を公務員のようにしてその俸給を国家に負わせるものである。そしてフランスの初等教育は現代の形態をとるようになる。

一八八二年と一八八七年に制定した科目は、ギゾー法やデュリュイ法に追加されて認められた。物理学や自然科学、歴史と地理であり、ジュール・フェリーが「付随的」に必要だと言っているものである。これらの科目は目立たない補足的なものを除いて、一九二三年までは保持されつづけている。「簡素にして少しずつ良いものに仕上げて、吟味された方法で、規律を調整・整理する」のが良いと思われている。人生に必要なすべての知識を子供に与えるという強迫観念が、教育学の精神を支配している。ごく一般的な市民の修了証書を求めるという関心事のために、教師や教科書の作者たちは知識の詰め込みに追いやられ、初等教育の知的傾向は極端なものになる。

教育の方法を取りあげながら、十九世紀の大変動を見てみよう。それは歴史において実際に初めてのことであり、独学と、本またはコンピュータを使った教育を除いた三つの型の教育方法の関係を比較するもので、教訓的なやり方の教師を排除する傾向をもつ。

簡潔にするために、一八一五年以後直接競いあった教育方法の三つの型を急いで定義してみよう。継続または周期的な「家庭教師」、「パートナー」、多少なりとも「専門化された教員」による教育である。こんにちまで続いてきた家庭教師は、現在減少しつつある。それは学校を信用しない、裕福な家庭の特権になっている。周期的な家庭教師といわれているものも減少せざるをえなくなっている。一人の教師が各々の生徒をすべて順番に勉強させるという単純な形態である。この実践教育の個別化は、子供一人ひとりがその教師の活動の一部分しか利用できないかぎり、全体では無能と言わざるをえない。そこには秩序の明らかな欠如が付け加わることになる。

一八一五年以後に、パートナーの形態として成功したものとしては、「相互教育」がある。そのときは、退屈そうな学校の教育技術とは別のことが問題になり、そこでのパートナーは教育方法よりもむしろクラスの管理や規則制定への参加を行なっていた。相互教育（インドで行なわれて、次にはイギリスのベルそしてランカスターによって実施されたようである）は才能に恵まれた子供――指導員――が直接教育参加することを前提としており、同窓生たちに対しての授業が進められる。フランスにおける相互教育の輸入は、初等教育のための社会活動として、リベラルなブルジョワ（市民）たちによって一八一五年六月に行なわれた。ラザール・カルノ、ゴルティエ神父、ラ・ロシュフーコー＝リアンクール、ジェランド……は、文盲の増加と政治状況によって有利になっていた修道会の学校の盛況を心配した人びとである。相互教育は大成功であった。この教育法に必要なものはほとんどなかったと言わねばならない。何枚かの板と生徒の石盤、体操場または転用された兵舎があればよく、一〇〇人から二〇〇人の生徒に読み書きを教えるためには（そのうえ早く教えるために）、教師一人、それ以上のものは必要ない。指導員たちの数を充分確保するための努力がなされた。この教育は明らかに表面上は今でも存続しているが、それは手続きの機械化、学習の自動化という価値しかない。実際には相互教育は次のような歴史的役割を果たした。一方で、それは都市の人びとに読み書きを教えることに広く貢献した。他方で、指導員たちは新師範学校の生徒〔直訳すると「生徒先生」〕の一部を成した。一八四〇年以後、相互教育は消滅したが、それを説明することはまた別の教育形態である「同時教育」の普及について述べることであり、それは一人の教師が同時に二〇人から五〇人くらいの生徒にかかわるものである。

同時教育は「多くのことを獲得する(1)」ことであるかぎり、技術的な支障はほとんどない。しかし、ある程度の条件は必要である（とくに、レベル別の生徒を集めることが、実現可能な構成を確立することとなる）。そのモデルは都市の学校に残っており、もしも規定にのっとった三種類の「講義」に、つまり初等と中等と高等という規定であるが、とりわけ準備の講義を付け加えたら、定員の人数を超えた場合には二つに分けることができる。講義時間や教育内容によって科目を分割する必要性も付け加える。この教育方法の特徴は一つの教室で行なうことと、そこで勉強する一群の生徒たちは肉体的、感覚的、感情的、心理的および社会的な発達が同じレベルにあるということである。

（1）E・ブルアール『F・ブイッソンの辞典』第二巻、第一部、七八八頁。

しかし、この思想が十九世紀に一般的になるにはまだ時間がかかる。フランスはまだ農村の国である。一八八四年に、教師一二万人に対して学校は七万四〇〇〇校あり、たった一人の教師が「軽業師的に」活動しなければならず、年齢ごとのクラスをすべて教え、そこには六歳以下の子供たち（幼児学級）も含まれている。

同時教育の進歩はいろいろとあった一方、古風な（個別化された）教育はとくに中央部、南西部、地中海東沿岸地方で存続した。いずれにしても、一般的になった同時教育は、義務教育の期間を伸ばし文盲者を減少させることになる。一八二七年からの徴兵検査によると、完全文盲者の割合は次のとおりである。一八二七年は五八パーセント、一八四五年は三八パーセント、一八六八年は二〇パーセント、一八八〇年は一五パーセントである。一九〇一年から一九〇六年までは読み書きを教える速さがゆっくりになったとはいえ、「初歩的」教育はほとんどの男女が受けていた。

男性教員（そして女性教員）数の継続的増加と結びついて、同時教育の普及は時間的余裕を生み、男女共学も増加し、一クラスの定員数の減少が進む。そのうえ、読み取りの学習（ルマール博士が一八一八年に総合化した方法）や書き方の学習法（ジャバル博士の読みやすい筆跡法）においての進歩が顕著になる。

一九一四年から一九一八年までの第一次世界大戦後にグループ（とくに「仲間たち（コンパニョン）」）や、学校を創る実践家たちによる活動が見られるようになる。P・ロバン（印刷術、速記術、製本技術）、R・クジネとF・モリー（班編成作業）、B・プロフィ（児童協同組合）そして、C・フレネ（新聞と学内印刷術、組合方式）である。さらに、教師の養成体制は、師範学校と高等小学校の教員養成を行なう二つの高等師範学校（一八七八年〜一九七九年）の創設により向上する。

それ以後は宗教的な義務から解放されて、給与も増し、教師たちは付随的な活動を絶って、教育のみに充分専念できるようになる。市町村の事務局は付随的仕事のみを行なうが、いずれにせよ意義あることである。

しかしながら、ジョルジュ・サンドが学習教科書の序文に書いているように「象の歩みの（ようにのろい）」型にはまったこと」である習慣は残存している。初等教育学習の修了証書にとらわれるあまり、教師たちは、むやみに字句にこだわるようになる。教育は抽象化し、理解力にすがるだけである。

この部分的な硬直化は、学校にあっては当然でもある。それに対して大勢の人がうるさく騒いだとしても肯定的意見はなかなか変わるものではない。毎年、中等教育修了者全員の十分の一の生徒がバカロレアに速やかに導びかれる。唯一、一九一四年から一九一八年の大戦だけが、この綿密な時計職人のような制度を混乱させることになる。三万五〇〇〇人以上の教員が召集されて、四分の一が戻ってこなかったのである。各国家機関は、このような損失を経験したことがなかった。そのうえペルゴーやアラン・フルニエのレベルの人間を失ったのであり、その結果、教職における女性の進出が大変な勢いで進んでいく。

2 中等教育の発展

中等教育はとくに一八七九年以後にはっきりするが、教育の「拡大」で特徴づけられる。定員数は一八一四年の四万人から、一八五〇年に一〇万人になり、一九一四年には三〇万人になる。

この増加は模索的な近代化をもたらすが、抑えきれない。高等小学校（EPS）創設のために一八三三年にギゾーが少しのあいだ努力したのち、サルヴァンディは一八四七年に第三級以後の現代の中等教育（外国語と応用科学）を組織する。しかし、古典の部門を三年間続けるか、近代の部門を三年間続けるかの分岐点を制度化して、同じレベルのバカロレアを二つ導入するようになるには一八五二年を待たねばならない。いくつかの批判を前にしてV・デュリュイは、一八六三年に外国語、商業法、数学、応用科学を教える四年間の部門を設ける。一八六五年にはすでに、七五校のリセ（高等中学校）のうち七〇校で、二五〇校のコレージュのうち二二四校でこの教育が機能している。一八六五年六月二十一日の法律は「専門中等学校」と定め、テストが導入されることになる。第二帝政末期には、専門教育の生徒はすでに四〇パーセントを占めた。この近代化は女性の中等教育の創設を伴っている。この改革を奨励するのはV・デュリュイである。一八六七年十月三十日の通達によって、彼は市町村長に中等教育課程の創設を促した。その科目は、ほぼ専門教育のものである。第三共和制は、一八八〇年十二月三十一日のカミーユ・セ法によって女性のための真の中等教育を制定した。就学は五年間で、学費は有料であったが多数の奨学資金が用意されていた。教えられる学科は、音楽や服飾を含めた専門教育のものであった。セーヴル師範学校はスタッフを養成した。一九〇〇年には女性のために四一校のリセと二九校のコレージュが開設された。定員数は一九一四年に三万人に達した。

若い女性の教育の非宗教性は、初等教育においてよりも多くの異議が唱えられる。というのも裕福な家庭はカトリック信者であった。そのうえ、過激王党派の人びとによって王政復古が強調され、一部の地域の宗教学校は大学の監督から逃れていた。他の地域では一七九校の中等神学校が将来司祭になる者以外にも多くの生徒を受入れていた。憲法に教育の自由が定められるには、一八四八年の二月革命を待たねばならない。一八五〇年に可決されたファルー法は、衛生状態の管理に制限を設けて、私立学校の無認可での開設を認めている。したがって、第三共和制の権力者たちもファルー法のおかげで、修道会の学校が、勢力を得ることに不安を示すことになる（モーリス・ゴンタール）。

政教分離に関係が深い一九〇一年と一九〇五年の法律は、「非宗教」の学校の枠組みのなかで進歩的に決定された中等教育の民主化を認めるものであった。リセの初等クラスを初等教育と、そして補習授業課程や高等小学校を中等教育に結びつけることが重要であった。それまでのあいだ、レオン・ベラール大臣が中等教育の「整頓」を試みた。それは古典的精神にもとづく。この改革で、中等教育における男性と女性の同化の問題だけが残された。

一九二四年の左翼連合の勝利は、改革計画を活気づけた。一九二四年六月、総理大臣エドアール・エリオットは次のように表明する。「中等教育を受ける機会が両親の財力によるものでもなければ子供の能力にもよらず、義務のように与えられなければ、民主主義は完全に確立されないだろう」。

この恵まれた可能性を期待して、六分の一（一九三〇年）、五分の一（一九三一年）、四分の一（一九三二年）の無料化が定められていく。中等教育を全額無料化するのはモンジー大臣のときである。しかし、生徒が殺到する恐れがあったので、試験官によって採点される選抜筆記試験は制度化された。大臣は学校の統一という遠大な計画を準備するが、それは議論の対象にはならなかった。

ジャン・ゼイ大臣によって計画されたのは、義務教育を十四歳までにして、EPS（高等小学校）からリセへの進学が容易になるように第六級から第三級までの四学年の科目を準備することである。

一九四一年のヴィシー体制は、中等教育の無料化を拒否する。しかしながらEPS（高等小学校）はコレージュに移され、コレージュは近代教育、リセ教育、古典教育を行なうことが決定される。初等教育は十一歳に授与される初等教育修了証書によって承認されるが、それは中等教育の第六学級への入学試験の役目を果たす。残りの生徒は初等教育修了証書の授与後、初等後期課程へ進む。

大戦後のフランス解放のとき、臨時政府はヴィシー政権の法律すべてを無効にする。さまざまな委員会は「全国統一の学校の到来は避けられないように見えた」（M・ゴンタール）という結論を下した。

長期間にわたって、とりわけ一九三〇年以後、生徒数は著しく増加した。一九三〇年に一八万七〇〇〇人、一九三六年に二七万人である。それに付け加わるのが二二万人の私立学校の生徒、二〇万人の補修授業課程〔中等教育へ進学しない〕およびEPS（高等小学校）の生徒、そして二五万人の技術教育の生徒である。

不幸なことに教育方法の進歩は、リセやコレージュへの生徒数の増加にはつながらなかった。教育はそこで区切られ、抽象化され、机上のままであった。挫折して退学した生徒の割合は、各集団で五〇パーセントを超えていた。

3　職業教育と技術教育の発達

科学技術の発展は、教育発達の最新のものである職業教育をもたらす。もっぱら実利主義的な教育の狭さを改めることが望まれ、学校にこの機能を負わせることになる。さらに、習慣的に学校が経済の発展に遅れをとらないようにしなければならない。あらゆる点で十九世紀は職人的教育を軽視する時代だったように見える。「技術」は、両親にとっては学校とは別のものなのである。

実際に、実利的な学校の創設はまず個人が率先して行なう。たとえば一八一七年エピナルの学校、一八三一年にリヨン（ラ・マルティニエール）、一八三九年にコルベール学校（パリ）などが創られる。一八二九年にヴァティメスニル大臣は「特別な部門」をもったコレージュを創る。それは、工業、現代語、商業である。一八三二年にアンジェとシャロンに工芸学校が創設される。しかし、徒弟制度の職人的な学校が設立されるようになるには、一八八〇年まで待たねばならない。充分に期待に応えられなかったこれらの学校は、一八九二年に商業や工業の実用学校に代わられ、ただちに役に立つ労働者や使用人を育てた。一般的教育は大幅に縮小された。労働者のために夜間や日曜日の職業課程が一八四八年以後に増加し、ヴィクトール・デュリュイによってさらに増えた。同時に私立の技術学校が発展し、それらの学校はやがて六校の国立職業学校やパリの職業学校に加わる。

職業技術教育の創設後も全体的には調和がとれないままで、校長は一人おかれ、公教育に結びついていた。これらはアスティエ法の結果であり、技術教育に社会的地位を与え、初学者向けの授業を義務にして予算を決めた。しかし、予算と言っても二〇万人の生徒に対して一九四〇年は二〇万フラン〔三万ユーロ〕しかなく、人を馬鹿にしたような金額である。

農業教育は、一八七九年に小学校と師範学校の科目に農業が入るまで、ほとんどないも同然のままであった。学校の庭園や農場学校や農業の実用学校が増加する時代をむかえて、国立農業学校や農学院が繁栄する。しかし、全体としてフランスの農業教育は細々と行なわれ、それに甘んじていた。

4　成人教育

教育に捧げる仕事をしている人は、絶えず次のように信じていた。すべての教育計画は義務教育の拡大を念頭に置いている。しかし、同時に教育は生涯の仕事にならなければいけないし、絶えず向上しなければならない。そのうえ、技術の進歩は時間的余裕を増やしている。そこから健康的で、ためになる時間の使い方が生まれる。

卒業後の教育は整っている（青少年クラブ、青少年センター、クラブ、演劇や音楽のグループ、市民大学、学習サークル、博物館、見学会、祭典……）。若者たちの活動は、ボーイスカウト運動の側面でも発展していく。夜間授業は職業上の啓発になり、ときには転職することも可能になる。この成人教育は社会的向上と継続的教育の名のもとに進められ、次第に影響力を増す大衆によって盛んになっていく[1]。

（1）A・レオン『教育の世界史』第三巻、二九一頁～三〇六頁。

最も正当化されて、もっと柔軟な教育関係の新しい形態——文化的活動——は、私立専門学校のおかげで、このような環境のなかで生まれ、学校教育方法にますます影響を与えた（教育科目と生涯教育方針、積極的教育方法の訓練センター（CEMEA））。

この教育的活動の拡大は、現代の絶え間ない動きであり、未来にむかって開かれている。

5　高等教育

フランス革命は、専門化されたグランド・ゼコールによって、瀕死の二七大学を再編した。ナポレオンは科学の「学部」を加えて、それらの大学を再建するが、バカロレアから博士号までの学位の授与を、もっぱらそれらの大学に負わせていた。一八〇二年から一八七九年までの期間に、グランド・ゼコール、コレージュ・ド・フランス、自然史博物館が生まれて、フランスの高等教育を支えて影響を及ぼした。それに加わるのが古文書学校（一八二一年）、国立工芸学校（一八六七年）である。第三共和制は高等教育の規程を定め、完全な形にする（法学部、医学部、実験所、観測所）。しかし、教育研究センターにおいては学科を再編したにもかかわらず、中世の部門は残されている。学部は教育学士号または一級教員資格をもった将来の教員を養成しなければならないにもかかわらず、児童心理学と教育学は事実上は無視されていた。結局、一八九六年に二万七〇〇〇人いた学生が、一九三七年には八万二〇〇〇人（そのうち一万八〇〇〇人が女学生）になり、退学した者の割合はまだわずかであるが、教育の無料化は実現されていない。フランスにはカトリックの学院が五校創設されるが、学位の授与は公教育だけの特権になっていた。

高度の科学研究は、高度な専門化と財政的必要性のため次第に共同研究組織に求められていく。戦争はその発達を早め、一九四四年に国立科学研究センターが創設された。

6　二十世紀前半の教育状況

このようにして必要性と発想によって学校の体系が作られる。詰め込み主義（結果として学生の過労が伴う）や教育方法の無能さが最大限の努力を学生に強要していた。一八九八年に開始された大規模なアンケートは、一九〇二年の改革に繋がっていたが、それは改善のための最初の試みであった。

第一次世界大戦末期に、教育学的な高まりが現われるが、それはとくに新設大学関係者たちとともに現われ、やがて学校の教育的かつ政治的な論争になる。中等教育の無料化、十四歳までの義務教育の延長が可決され、学習指導が試行され、県の機関においては職業指導も整えられる。初等教育は延長され、高等教育まで進学しようとする子供には高等科が、就職する子供には補習科が創られた。進学するかしないかになると、後者は実用学校または職業学校で技術コレージュの生徒になる、あるいは高等小学校で現代コレージュ（十五歳頃に初等教育修了免状）の生徒になる。しかし、五歳になった子供はその出身で認識され、十一歳で初等教育期を出て、いろいろなバカロレアへ続く七年間のリセまたはコレージュに進む。古典教育は、文化的教育を確保するのがだんだんと難しくなり、伝統的な学科から人文主義者の価値を引きだすことはなくなった。その根底には二つの型の教育があった。初等教育課程を組みこんでいるリセと、ブルジョワ層の人びとが避けつづけていた職業学校であった。

見習い期間中の若者の賃金はわずかなものでしかなかった。高等教育はついに総合大学とグランド・ゼコールの競争によって引き裂かれてしまう。さまざまな必要性、能力、機能に応えるためには、充分に分化した、と同時に適切な指導がなされるためには充分にまとまっている制度を組織しなければならない。そのうえ、古典的、近代的、科学的、技術的な文化の典型を明確にしなければならない。ジャン・ゼイ大臣が不完全ながら行なったのは、そのような全体的改革であったが、ランジュヴァン委員会が一九四四年に考えついたのもこのような改革だった。

II　外国の教育の発達

教育活動の一般的拡大とは関係なく、文明のいくつかの大きなグループごとにみられる教育制度の多様性に注目し、さらに国そのものも注意して見てみたい。したがって、いくつかの重要な例に限定して展望しなければならないであろう。

1　イギリスの教育[1]

一八一五年から一九四五年までのイギリスの教育を支配している特色は、一般的に名士たちが率先して行なった活動にある。企業家R・オーウェン（一七七一〜一八五八年）は、一八一六年に生後一八カ月以上の子供のための最初の学校をラナーク地方に創設した。二人の聖職者が相互教育を広めた。イギリス国教徒のA・ベル（一七五三〜一八三二年）とクェーカー教徒のJ・ランカスター（一七七八〜一八三八年）である。インドでの経験を手本にしており、ランカスターは自由で非宗教的な精神を表明している。そのほかにクェーカー教徒のW・E・フォースターは、一八七〇年に市と教会と学校の管理者たちの均衡を実現させた。中等学校を改革した校長は二人いる。T・アーノルド（一七九五〜一八四九年）はラグビーの中等学校の校長で、キリスト教信仰にもとづいて若者たちの人格を陶冶する教育的共同体を創った。

E・スリング（一八二一〜一八八七年）は音楽、外国語、自然科学の教科書で勉強を行なうアッピングハム・スクールの学習方法を広めた。二人の女性校長バールとバスは、男女共学へ向かう方針で女性の教育を改革する。二人の功利主義哲学者であるJ・ベンサムとJ・スチュアート・ミルが大学を一新する。

（1）V・マリンソン『教育の世界史』、第三巻、一六三頁〜一七六頁。

この活動は教育学の進歩と義務教育の延長（一八八〇年は十歳まで、一八九九年は十二歳、一九一四年は十四歳）をもたらしている。教員養成は、師範学校の増加によって部分的に解決されている。いくつかの民主化は予算の増額によって実現を見るが、中等教育はエリート的なままで、とりわけ一八六八年に再編成されたすぐれた七校の中等学校においてはそうだった。一九〇二年に制定された法律は重要で、イギリスの教育制度を時代の要請に適応させた。一九四四年の第二次世界大戦中にイギリスは教育省を設置することになる。

2　英語圏のアメリカの教育

十九世紀初めを観察するとき、フランス語を使うカナダの教育（シムコーの伝統）の方法と、アメリカ合衆国で行なわれている宗教的でエリート的な教育方法を見ると、前者はクラスの格差を少なくする方法であるが、後者は政府（トーマス・ジェファーソン、一八一三年）の「中枢」として役立つ者を育成する教育方法であり、その相違がはっきりと認められる。アメリカの教育は愛国心と「アメリカ化する」ことを教え込まなければならない。その信条は自由と民主主義のなかで、教育において共通の自信をもたらしている。

したがって、この国はいたる所に差別があるままでも共同体として同一であり、国家権力が教育へ介入することを最も求める国（ソ連とともに）で、教育に使われる予算は最も高額である（全体の二五パーセント）。アメリカ国民は、教育の無料化を全国民に行なった最初の国である。初等教育は一八三〇年以後無料で、中等教育は一八五〇年頃であるが、南部は少し遅くなった。

ホーレス・マン（一七九六〜一八五九年）はカナダ人のエジェルトン・ライアーソン（一八〇三〜一八八二年）とともに、無欲な文化的伝統と対照をなす功利主義的秩序の教育を求めた。試験による自由主義、学校の多様化、選択権による自由な選択が可能であることは、近代社会の専門化の必要性に対応するものである。高等教育は大部分が私立のままであった。有名な大学（ハーバード、エール、コロンビア、プリンストン）は、きわめて豊かである。あらゆる学位における驚くべき努力が、教育科学やこれらの問題に関する実験的姿勢を発達させている。

客観的な能力のある専門家、L・A・クレマンは、「家族や共同体の生活の質や職業や健康への直接的関心」によって学校の向上を確認する。しかしながら、もしも英語圏の北アメリカの人びとが「社会と国家の統一にいたるための最も確かな道であった公教育という観念を受入れた」（J・カラム『教育の世界史』、第三巻、六九頁）ならば、若いアメリカ人たちは現実の民主化に関して疑問をもったことだろう。そのうえ、北アメリカが公教育についての考えを広めようとしたときでさえ、北アメリカ人自身は軍隊教育や幹部選抜を受けながら、教育は応用心理学的実験であると、その教育制度をおとしめている。

3　ソ連の教育

聡明な皇帝アレクサンドル一世は、一八〇二年に当初の文部省を創り、六大学と地方と小教区にある学校を創設する。しかしながら、この飛躍は後継者に恵まれず、一八五六年にニコライ一世が死ぬと、農奴の解放や読み書きを教えることが問題になる。一八五九年には七〇〇〇万人のうち五〇〇万人が読むことができた。それはN・I・ピロゴフ（一八一〇〜一八八一年）が教育の理想を述べた時代である。その教育は、金のあるなしが差を生むとしても、生まれてくるブルジョワの熱望に応えるものである。一八六〇年頃に、唯一の新しいことは、近代の高等中学校での教育であり、ラテン語もギリシア語もなかったが、大学に開かれてはいなかった。一八六五年の中等教育の学校は九六校、生徒は二万六七八九人しかいない。一八八二年にも学校は一三六校しかない。ニコライ一世の治世下で、とくに一八七〇年から一八八〇年までの一〇年間は最も逆行した時代である。しかし、きわめて信心深いK・D・ウシンスキー（一八二四〜一八七〇年）は、哲学や児童心理学の利用を強く勧める。レオン・トルストイは、教育において最大限の自由を勧めている。教育制度の進歩はゆっくりしている。十九世紀末に読み書きを教えたロシア社会の努力にもかかわらず、文盲率は八〇パーセントだった。教育に関する最も急激な進歩は、少なくとも一九一七年の十月革命とともにであった。ロシアは中世的な状況から近代的な状況に進むのに五〇年間かかる。本質的には十月革命による大混乱にもかかわらず、一九一九年に新政府が読み書きを教えることを決定するのは、単に子供たちばかりでなく、五十歳までの大人についてもだった。相次ぐ計画は、三一〇〇万人の生徒のために学校を創設し、六〇万人の学生のために総合大学や専門大学を創設し、五〇万人の教育者の団体を創っている。この努力は絶えざる予算増額に表われており、とくに技術教育に力を入れるようになる。高等教育段階では四〇〇校近い総合大学と工芸専門大学、そして三四一校の単科専門大学が創設される。それと同時に、あまり進んでいない地方——シベリアやトルキスタン——における文盲に対する戦いが続けられる。ソ連は就学年限を一〇年から七年に設定している。しかし、第二十一回共産党大会（そのときはフルシチョフが知識人と職人の差別を示した）は、就学年限八年間の学校を一般的なものに決定して、次に三年間の理工科学課程を決定したが、それは同時に大学（一般教養）と職業訓練を行なう専門課程へ導くことになる。教育を受けて修了する可能性は各人に与えられている。

それらの結果は目覚しいものである。あらゆる水準における学校数は、一九五五年に一六万三〇〇〇校を超えている。教員数は五年間で二倍である。

一九三六年以後の「異端分子」との戦いは、教育者も例外ではない。心理学は疑わしくなり、共産党は「教育の腐敗」を告発した。一九一四年の教育者会議の結果、A・S・マカレンコは「すべての教育を義務化する保証」をする（D・ボーヴォワ『教育の世界史』、第三巻、一三一頁）。彼は政策断行型の教育、断固として強圧的教育、集団生活で築かれる教育を表明する。この影響は大きく、ほとんど独占的であるが、教育方法の大きな発達をもたらした。当初は経済的活動を学業の基礎としていたが、学校は勉強の共同体になる。一九二二年には複雑な方法が使われる。それは同じ教育課題でも、家族、地方、宗教、国家および海外の生活に関することを子供に教えるものであった。戦争直前になると、教育は尊大で、集団的で独裁的になる。一九四一年六月にヒトラーがソ連に侵入すると、ソビエトの学校生活には明らかに恐ろしいショックが起こる。けれども愛国的教育は無視されずに、青年たちは極端に軍事化していく。一九四四年に勝利が確実なものになると、一〇億ルーブルが地方の学校再建に充てられた。一九四四年から四五年において二〇〇万人の生徒が学校に復学し、八万人の教師が就業時間以外にも教育活動を補った。戦争末期のソビエトの学校は、教育と社会主義者の政治的養成との関係が緊密になり、さらにいっそうその関係が強くなった。理工科学の教育、実用と理論の結合、道徳および社会主義者の競争心をかきたてる積極的な教育がソビエトの教育の基礎を築いている。

4　中国と日本の教育

中国の教育の保守主義については、前述して強調した。その原因ははっきりしている。一方では伝統的に試験が難しいこと、他方では言葉の複雑さが問題である。問題となる最初の障害は、中国では「大学入学資格者」になれる機会が六〇〇人にたったの一人であることで、「学士」は三〇〇〇人に一人で、「博士」は一〇万人に一人である。やがて試験制度の腐敗によって一九〇五年にこの制度は廃止されることになる。「二〇〇〇年以上続いたこの制度の終わりは……皇帝の独裁政治と高官たちとのあいだの政治的均衡を危険にさらしている」。

他方、言葉の問題が強制的に提示されることになる。一八六〇年、王令で外国語を習得する必要性が定められ、近代科学を開いた言語学院が一八六七年に創設されるが、中国語の三九のアルファベット記号が充分に練りあげられてからでないと本当に規定されないのが問題であり、正式には一九一八年に採用されることになる。

教育の進歩は、左宗棠（一八一二～一八八五年）のような教養ある知識人の参加があったとしても、それでも非常にゆっくりしたものである。近代工業のやり方がこの国に導入されるのに応じて、一八八一年以後に技術学院が創設される。一八九八年六月十一日から九月二十一日まで若き皇帝光緒帝（一八七一～一九〇八年）は女帝西太后（一八三五～一九〇八年）の監視を逃れて私立学校のすべてを公立小学校または中学校へ変革した。帝国大学は北京に創設される。一九〇四年に日本の大学を手本にして、北京大学は三課程で構成され、引き続いて五課程になり、四年制と五年制があった。一九一二年から一九二二年にかけてはアメリカ型の大学が増えていく。一九二六年には三四校あり、大部分は地方の大学主導である。同時期に、初等教育の定員数は三倍になった。一九三七年には児童が二五七〇万人になり、同時代の大学の学生はおそらく五万人程度であろう。同様に、外国人の偉大な知識人の影響も現われる（ジョン・デューイ、タゴール、バートランド・ラッセル）。

大革命は明らかに大混乱を引起こす。とりわけ、その革新は政治学院の創設をもたらしている。それでも読み書きの教育は、指定学校の四分の一は超過しないが続行して行なわれていく。もっとも農村離れが進み、以後子供たちは都会や外国で勉強するようになる。

日本での一八六九年の改革が引起こした二つの流れは、経済的合理主義と文化的国家主義である。

一八七一年には文部省が創設された。そして一八七二年の教育の勅命は、古風であった教育の近代化を認めている。この教育の法律規定はフランス法令を手本にしているが、思想と施設はアメリカのものがもとになっていた。（アメリカ人D・マレーがその制度を東京大学に適用する）。そのときの小学校の総数は五万校を超えていた。(1) 一八九一年には男子と女子の半数以上が学校に通っていた。それは私立学校を増加させる伝統主義者の反対をかきたてることなしには実現しなかった。

(1) 八大学区、一大学区に三二中学区、一中学区に二一〇小学区を創る予定であった。つまり大学八校、中学校二五六校、小学校五三七六〇校を創設する予定であったが、実際には三～四年で約二六〇〇〇校の小学校が創られたと言われ、最初の大学である東京大学の創設は一八七七（明治十）年であった〔訳注〕。

政府は義務教育を行なおうとする。そして、一八八五年に軍人精神のドイツの教育制度を受入れたのである。一八九〇年の天皇の教育勅語は、この教育の宗教的で国家主義的な性格をすでに強調している。

一方、外国の教育思想がこの国に浸透していく。ペスタロッチやハーバートのやり方が浸透していく。フレーベルの理論も同じように浸透していく。最初の保育園が一八七六年に政府によって創設される。一般的にこれらのやり方は、アメリカの書物から抜粋して取りいれられたものである。日本は急速にその教育の資産を創っていくのである。そのようにして日本の偉大な教育家長田新《おさだあらた》（一八八七～一九六一年）は、フレーベルについての研究を公表した。教育の最初の理論というものが明確にされたが、とりわけそれはジョン・デューイによって発表されたものである。しかし、デューイの影響は、すぐに骨抜きにされた。一九三五年以後の日本の小学校は、ドイツを手本にして「国民学校」と呼ばれるようになる。民主主義精神が再び生まれるには、一九四五年八月十五日に日本が敗北しなければならなかった。

第九章　未来に向かって（二十世紀後半）

I　外国の教育

1　イギリスの教育

労働党と保守党の困難な妥協から生まれた一九四四年の教育法令は、イギリスの学校を大きく変えた。しかし、この改革はR・H・トーネイのような改革者が望んでいるほどには重要ではなかった。もちろん、義務教育は一九四七年に十四歳から十五歳に延ばされ、一九七二年には十六歳に、そして保護者が支払っていた納付金は中等教育学校では廃止された。しかしながら任意寄付制の学校、私立学校および宗派に属する私立学校においてはそのような無料化はない。ところでこれらの独立した学校（総数二三〇〇校）は学生数の六パーセント以上を占める。それらのなかで最も有名なのが、不正確にもパブリックスクールと言われるもので、そこでは少年たちに寄宿制度が適用されている。そこでは上流社会階級の特別待遇が守られている。とくに、一八六四年のクラレンドン委員会によって守られていたのが前述の有名校である。これらのパブリックスクールへ入学するための難しい選抜試験が、およそ十三歳のときに行なわれる。そのうえ、授業料はきわめて高い（一九八三〜八四年度のイートン校は四七二五ポンド）。いずれにせよ、制度の発展のこの段階で、全員の無料化が開始された「公立小学校」について述べるのは難しい。[1]

（1）一九九四年二月十一日の『タイムズ・教育版』付録。

ところで中等教育は、機構の変化にもかかわらずエリート向けのままである。小学校を修了する十歳から十二歳までの子供たちの試験結果によって入学できる三種類の学校が創設された。グラマースクール、モダンスクール、テクニカルスクールで、正式に定められればすべての学校の予算は「等しく算定される」ものであるが、それでもなおグラマースクールが有利に扱われる予算配分であり、教育的な差別が社会的な差別にもなっている。

この現実の状況は活発な批判を引起こしている。そして、とくに労働党の反対派から批判が出ており、多様な報告書がいろいろな提案をしている。その大半の考えは、全員のための統一した学校を創設するというものであった。このようにして一九六三年に「未来の半分」が創られた。そのときの労働党政権が地方や市町村の学校に勧めたのは、全学校を総合中等学校に移行することを学校の責任で行なうことである。障害を持った生徒を援助するためには、順応性に富んだ機構が準備された。とりわけ希望が強かったのは、弱者が援助されることだった。

実際には、それらの成果は平凡なもので、水準は低く、生徒たちは犠牲になっていた。したがって、一九八三年に、一般学校教育に興味を失った十四歳から十八歳までの生徒に対して、政府（管理者）は専門的な職業向けの課程を作った。

しかし、そこでは何も行なわれなかった。「国家制度からの避難者」である最も低い水準の生徒たちは、比較的に重要と思われる私学教育を受けていた。そうでない人びとはのちに成人講座で勉強することになる。後者のこの拡大は現代という時代の特色の一つである。十七歳以上のイギリス人の十分の一は、この講座を受けている。彼らのなかで最もその恩恵を受けた者は、いわゆる「中等教育一般修了者」と言われ、一般試験に合格した正式な資格者となり、いろいろな高等教育の学校へ入学している。工芸学校（三〇校）、高等教育カレッジも技術職のための学校で、結局は総合大学になり、イギリス人の若者の一四パーセントが学んでいる。これらの四五校の総合大学は、その創立の起源や過去の運営にもとづく規定に従ってみずから管理している。最も威信があるものは、オックスフォード大学とケンブリッジ大学である。その授業料は高く、一般的に一部は奨学資金で賄われている。最も有名な大学へ入学する選抜試験は難しいが、それとひきかえに、たとえば「オックスフォード帝国」を語れるのである。日本やアメリカ合衆国の政府の多くの人（とくに、クリントン大統領）は、オックスフォード大学の卒業生である。大学の資格は三年または四年で取得する（文学士または理学士）。その上は修士号である（哲学博士）。中等教育の正式な資格によって保証された専門課程へ入学することができない学生たちは、放送大学に入学できる。この学校は一九七〇年に創設されて大成功し、総合大学水準の免状である「学位」を交付する。

最新の変化は一九八八年の「教育改革法」で、それは多くの期待と多くの批判を引起こした。その時代の保守的な政府のために、学校の管理責任がある地方や市町村の権限を弱めることには問題がある。新制度は、より中央集権的で、国家統一科目（国家カリキュラム）に進路を見出している。必修科目は宗教、数学、英語、理科で、その他に歴史、地理、技術、音楽、体育、美術、外国語がある。

確かに設備面はとくに進歩している。学校の図書館は充実していく。政府の補助金のおかげで、四校に三校の割合で視聴覚装置の設備を所有している。ＢＢＣ（英国放送協会）はみずからのなかに特殊技術部門を創設し、そのうえ視聴覚教育による教育法と学科が公開討論授業の対象になっている。この授業は周囲の環境に沿った学校開設に貢献している[1]。

（1）一九九四年三月二十九日の『ガーディアン』紙。

さらに、一九九三年の「教育法」は、中等教育のネットワークから除外された生徒たちが、家庭内であれ、専門化した（単位付託生）センター内であれ、教育を受けつづけられることを定めている。

しかしながら、責任ある地方の権力ということに躊躇があるゆえに、一九九四年に機能しているセンターはまだ一つしか存在しない。国の教育予算が年々増加しているのはたしかではあるが[1]。

（1）一九九三年十二月十一日号の『エコノミスト』。

リバプールのジョン＝モア高校のように最も有名な学校は、とくに資金的ゆとりに恵まれている。文部大臣ジョン・パットン卿によると、同年齢層の三分の一が大学へ進学しているという[1]。

（1）一九九三年十二月六日の『タイムズ』紙。

批判はもっと詳しく厳しいものである。すでに、一九九二年にエグゼター大学のテッド・ウラッグ教授に率いられた教員グループは、イギリスの学校の機能と構造を問題にしていた。[1] イギリスの学校が非難されるのは、「子供を原料に、父母を消費者に、学校を企業に、教員を技術者に」見なしていることである。

(1) 一九九三年九月十日の『タイムズ・教育版』付録。

さらに、もっと的確な非難は一九九三年十一月十五日に教育国民委員会によって公表された。[1] 四六〇頁の報告書で問題としているのは、表題の「合格するための学習」である。この委員会はデシャントのロード・ウォルトンが主催しており、彼はオックスフォードのグリーン・カレッジの元学長であった。この委員会は専門家を加えて一六名である。

(1) 一九九三年十一月十六日の『デーリーテレグラフ』紙。

高等教育の母体となる教育制度全体が、容赦なく分析された。保守的な新聞はそのとき、「委員会の報告書は、裕福で教養あるクラスと貧しくて無学のクラスのあいだにある溝を埋める緊急な必要性に応えている」[1] と書いている。事実は、「教養不足の者」の数がこんにちのイギリスでは恐ろしいほど増加しているということである。[2]

(1) 前出『デーリーテレグラフ』紙。
(2) 一九九三年十一月十五日の『タイムズ』紙。

要するに、イギリスの教育は伝統的でエリート主義がそのまま残っている。

その発展は複雑である。それが実現するのは社会的、政治的大混乱や経済的な必要性という圧力によるのであるが、ときとして選挙の結果次第でもある。継続的な調整が必要であっても、私たちは一時的な展望しか示すことができないということである。

2 アメリカ合衆国の教育

経済的に発達した国の教育の典型であるアメリカ合衆国の学校は、一九四五年以後に大きく進化した。(1)

(1) R・ヒヴォン／Y・マーチン『教育の歴史』、第四巻、五七頁～六七頁。

まず、第一に「冷戦」は国の技術的発展を認め、それに優先権を与えていた。教育はジョン・デューイの社会主義的傾向の概念から離れて、「本質的に言語の訓練、算数と思考の論理の訓練、同様に文明化した人間の美的で道徳的で知的な遺産の継承」を要求するものであった。新しい技術は、この変化を援助する（テレビ視聴覚機器、映画、スキナーの思想によるプログラミング化された教育、コンピュータ教育）。心理学の研究は子供がもっと早期に学ぶことができて、有利に学べることを証明している。国家による巨額な補助金はそれに貢献し、前例のない新しいカレッジや総合大学の発展が認められる。

混乱期（一九六四～一九六七年）のあとに、その思想は、国家の統一、貧困との戦い、少数民族やマイノリティーのために平等な機会の取得に関する研究を課すことになる。一九七二年のコールマン報告書が述べていることは、子供の社会・経済的環境がおそらく学校での成功の第一の要因であるが、知能指数や遺伝もあてにしなければならないということである。このようにして補整の教育法が生まれる。「ヘッドスタート」は、英語の補充教育を強く勧めている。それは各々の子供の親も、最も貧しい社会的階級に属していれば、「子供たちは他の子供と同じように才能があってやる気があるのに、学校が子供たちの教育を支えるのに無力である」と確信してしまうことである。けれども一九七二年に教育学者ジェンクスが証明したのは、学校で努力しても成功は大衆が信じている以上に乏しいということであった。偶然や機会や人格的外観が、学校に勝ったということである。

後者は非難されたままであった。一〇〇人ほどの専門家の鑑定のすべてが、「教師の養成と学生の一般教養の質に気を遣うことの必要性は不変である」と認めていた。量と質のあいだにある多くの解けないジレンマを解決することが重要であった。

ケベック地方の近くで改革が起こったとき、親たちは「できるだけ最も進んだ段階まで、多様な必要性に応える良質の学習」を強く求めた。

アメリカの学校はこの思想を取り戻すことはできたが、実現には程遠いように見える。実際に、アメリカの教育は何年も前から深刻な状況に襲われていた。確かにアメリカ国民の二一パーセントは高等教育の免状所有者である。こんにち、三人のうち二人の高校卒業者が高等教育を望んでいる。アメリカは、国民総生産額の七パーセントを教育に使っている。しかし、現実はそれ以上で、ハーバード大学やプリンストン大学をはじめ、アメリカ合衆国のトップクラスの二五大学が実際に行なっている教育はエリート教育で、学生にきわめて高額な費用をかけている。一九九三年十二月時点で、ハーバード大学またはプリンストン大学の年間費用は一四万五〇〇〇フラン〔二万二〇〇〇ユーロ〕以上で、学士号の四年間では五〇万フラン〔七万ユーロ〕以上の学費を前提としていた。そのため多くの奨学金が必要になるが不充分であり、学生たちは併行して働くことが必要となり、一九九三年五月十七日の「ニュース&ワールド・レポート」によれば、高校生も同様とのことである。そしてアメリカ人の二人に一人は、読み書きができないままである（一九九三年九月二十日号の『ニューズ・ウィーク』）。

そのうえ、アメリカの学校は人口過剰に苦しめられており、破産学校の多さにも悩まされている。（一九八九年に「教育破産」のために閉校したのは、ニューヨークで一七校）[1]。ギャング、麻薬、暴力が大手を振って広がり、「紛争にけりをつけるために武器を使うことは、本当の解決ではないと生徒たちに説得する」のは無駄なことである（一九九四年二月五日の『アメリカン・ティーチャー』、R・ウェベルシュラグによる引用『世界のなかのフランス人』第二六六号）。この深刻な事態には男性の同胞愛的な感情と女性の友愛的な感情によって精神状態によい変化を加えなければならない。これまでその仕事は、受入れセンターや賛助センターが行なってきた。こんにち、それらは駄目になった。いきすぎた指導によって、最近の一〇年間に二〇人ばかりの死者が出たからである。

（1）一九九三年十二月十三日の「ニュース&ワールド・レポート」。

疑いないことに、アメリカの学校は大混乱と辛い困難を経験している。すでに伝統的学生に関しては、免状はもはや就職を保障するものではない。障害のある人びとに関する問題は、さらに難しいように見える。特別な介護を必要とする子供たちは五〇〇万人と見積もられている（一〇人に一人）[1]。障害児の教育に関する法について言及すれば、一九七六年に可決されてそれらの子供たちに充てられた予算額は、一九七七年から一九九三年のあいだに、一ドルから三〇〇億ドル（一七四〇億フラン）〔約三兆四五〇〇億円〕

になった。やはり突出して問題なのは、マイノリティーについてであり、西洋文明を引きあいに出す移民グループに反して、独自の教育の恩恵に浴していない黒人の少数派である。

（1）そこでは、公立や国の所有に失敗する前に、学校施設は民間移管する傾向にある。ミネアポリスの例がはっきりしている（一九九三年十二月十六日の『インディペンデント』紙）。

その重要性によって、これらの問題は大統領レベルにまでいっているが、「教育に関する連邦政府案では、国家予算額が教育に充てる額と同じで、目立って多いものはなく、六パーセントとしている」（一九九四年四月の『教育の世界』）。

3 ソ連時代の教育(1)

一九四一年の戦争によって、ソビエトの学校の発展は大きく潰された。戦闘が国の中心部にまで拡大しただけに、壊れた学校が多くあった。被害が拡大したため再建は困難であった。戦争末期にはロシアの思想はもはや、それ以前の時代の偉大な教育者をあてにできなくなっていた。一九三九年にはA・S・マカレンコが、一九四〇年にM・M・ピストラーク、一九四一年にP・P・ブロンスキーが死んだ。その時代がまさに影響を受けていたJ・デューイの自由主義的で社会主義的傾向の教義に戻るのには何も問題はなかった。したがって一九四三年十月には教育科学アカデミーが創設され、新しい教義の研究が確立された。I・A・カイゾフが主宰するそのアカデミーには一九六二年に一六五〇人の協力者がいて、そのうちの七〇〇人が教員である。五〇年間に、そのアカデミーは共同体教育、個人の進歩における集団の役割に関心を持ち、かくして自立意識の教育にも関心を持っている。この時期は児童心理学の影響が研究された（A・N・レオンテエフ、A・A・スミルノフ）。そして教育学である（I・A・カイゾフ、B・P・ジュシポフ）。一九五八年の第十九回共産党大会では理工科学の教育問題が議事日程に上がり、第二十回大会、続いて第二十二回大会でも一九五八年十二月二十四日の学校法同様に、学校と人生の関係が強調されて述べられた。一九六六年には近代化された学科とともに一〇年課程の中等教育制度が定められ、科学・技術革命の要求に応じている。七歳で入学し、八年間を継続して学ぶという職業工芸学校は教育制度の基礎を具体的に示すことになり、完全な中等教育の資格を確立することになる。「入学資格のある労働者の資格」を追加して授与する三年間の専門技術学校の場合もある。技術学校にはその他に多くのタイプがあるが、あらゆる場合、経済や事業計画に関係する国の介入が行なわれている。

（1）E・フォールド／J・スザルカ『教育の世界史』、第四巻、二二一頁〜三六頁参照。

社会的活動や共同体の活動、レジャー活動の組織は十四歳になるまで一九二二年に創設された「レーニン舎監」の組織に委ねられ、十四歳以後は共産主義青年同盟（コムソモール）になる。教育の上級段階ではアカデミーや総合大学の高等教育学校が行ない、それらの学校は夜間に通学でき、四年から五年半かかって修了する。七〇年間で五〇〇万人以上の学生が学習を継続してきた。ソビエト解体という現代の大事件の前日までソビエトの学校の理想は、労働力を育てる以前に、調和し発達した人間を教育することであった。「生産は人間のためにある」（レーニン）。

同じような秩序を求める傾向はソ連諸国に、とくにポーランドや中央ヨーロッパにおいて国家伝統を通して現われていた。ロシアにおけるようにすべてはソ連の解体によって激変した。恐ろしい危機がロシアの学校制度全体、とくに高等教育を激しく揺り動かしたようである。五〇〇校の大学と学院のほとんどが支払い停止となり、大部分の学校は外国人学生の登録費用によって存続していた。教師たちは給与の一部しか受け取っておらず、したがって、彼らのなかの二万人以上は、大学や学院を去っていった。三〇〇〇人以上が移住したが、とくにドイツやアメリカ合衆国へ向かった。学生たちの待遇も最善ではない。一部の学生たちは授業料が増額となり、他方で、彼らのなかで一番多いのが、奨学資金をもはや受けられなくなっている学生である。それゆえに多くの学生たちは勉強を断念しなければならなかった。モスクワ大学では三分の一の学生が退学した。博士号の志願者もいなくなり、建物も維持されず、資金不足と定員割れは憂慮すべきものだった。

すべての教育機関に悪いことが次から次へと起こり、規約と精神を模索しあうこの国の指導者たちには解決法はまだないように見えた。

4　極東の教育

(A) 日本の教育について少し述べる。日本は、第二次世界大戦の敗戦後に少しずつ西洋化していった。主知主義は規定に残り、競争が主要な原動力になっている。「日本の大部分の学校においては、子供たちは同じことを学び、同時に同じ本で学ぶ」[1]。アメリカ合衆国の学校を痛めつけている苦痛が、日本の学校にも及んでいる。「学校のクラスから逃げるか、行くのを拒否するか、仲間をいじめる子供たちの数はいつも増加している」[2]。そのように学校においては圧力があり、競争は活発で、若者たちの自殺は著しく増加している。それが「アメリカ風の」学校であるが、西洋化された学校の特色である自由という色あいもすでにない。「多くの学校や短大・高校では、生徒たちは制服を着ている。スカートや髪の毛の長さにも規則があり、ソックスの色も決められている」[3]。

(1) 坂本明美『フレネの友人たちへの手紙』、一九九三年、活動記録。
(2) 前掲書。
(3) 前掲書。

冷戦ゆえに、アメリカの影響力による民主主義の歪みも追加して述べることにしよう。一九四七年以後に、学校の開放された規則や、家永三郎博士の勇気ある努力にもかかわらず、国家主義的精神の歴史教科書に戻っている。歴史的真実にいっそうの敬意を払った学校の教科書への部分的復帰を確認するには、一九九三年の政治的活動に期待しなければならない。

日本の学校は——充分に達成していないが——国家の発展（とくに経済）という必要性と、家庭に根を下ろしている伝統とを両立させようと努力している。家庭では、母親への愛情が団結と孤立の因子となっている[1]。

(1) M・クボタ／R・ヴォバット『日本の子供の教育と心理学の様相』、パリ、PUF社、一九九三年。

日本の子供が異なった三つの文字体系を覚えなければならないという教育的に困難な現実によってこ

の問題の解決はさらに複雑になっている。失語症患者の数も多くなっている。しかし、日本の小学生は算数で挽回して、国民の面目というものを大切に思っている。

（B）中国における教育の変遷は、より政治的本質と、より制度的表明によるものである。一九三二年の中国国民党で可決された教育制度には、アメリカの影響があった。世界大戦の直後、毛沢東思想の利益になるように、それは破棄される。理論は実利に結びつかなければならず、教育は生涯続く。そのうえ教育は、全人民に委ねられるために、知的専門家からは引き離さなければならないのである。

一九五一年に発布された教育制度は、各々六年制の小学校と中学校を定めている。少なくとも都会においては、その成果は目覚しく、一九四九年から一九五八年までの小学校の生徒数は二四四〇万人から八六四〇万人までになり、中学校は二七万人から九〇万人までになっている。高等教育は一一万七〇〇〇人から六六万人である。[1]中国の学校は、厳密に階級化され、官僚的で、明らかにエリート主義であり選抜的であった。それは経済革命のときに毛沢東によって再び問題になった。彼は教育と同様に、地方を工業化する人手を確保するために、人民公社に農民を動員させることに重点をおいた。一九五八年九月の新法は、労働生産と知識教育を厳密に一体化させている。そのイデオロギー上の教育は、本来言うところの教育に勝っている。これは「生産の統一」によって管理された人民学校の運動である。この運動は無政府状態的に発達し、一九六〇年以後はより伝統的な概念のために認められていない。したがって、一九六二年の規程において政治的教育は、肉体労働への参加に変えられてしまう。それが「良質の教育」と説かれ、理論的認識となり、階級としての学習となり、個性の抑制となる。

一九六六年まで大学入学には中等教育の免状の所持者であることが要求されている。一方、地方における就学割合は七〇パーセントで、それに対して都会では九八パーセントである。エリート主義がよみがえる。一九六六年には学生の四〇パーセント以上は「ブルジョワ」または土地所有者層であり、国民の五パーセントしかいない層にあたる。それゆえに、「門戸を開放した学校」という思想が是非とも必要になってくる。地方の学校には相当な努力が求められる。移動学校を創設することさえある。もしも地方の中等学校が増加したならば、「問題の学校」は廃止され、政治的でイデオロギー的教育が再び優先権を持ってくる。教員たちは、地方権力によって管理されている。四年間の中断後の一九七〇年に大学は再開され、就学年限は三年に決定された。

(1) P・ティシエ『教育の世界史』、第四巻、一〇三～一一二頁。

一九六六年五月七日の文書により毛沢東は大学を創り、一九七八年七月二十二日の通知によって労働者や農民や軍人を積極的に入学させた。とりわけ「七月二十一日の通知」により大学は、技術者たちに技術的な支配権を握らせないために、労働者たちを教育する。しかし、この新しい育成は少しも高度にならないで、その選抜も「新しいえこ贔屓」を生みだした。その混乱は広まり、共産党の責任で長引いていた。一九七六年に毛沢東が死ぬと、共産党の二人の新しい指導者である華国鋒と鄧小平は、加速度のついためざましい発展を遂げる経済の新しい政治に教育制度を適用させることを決定する。革命委員会は共産党の権威下に置かれた責任ある指導者に替えられる。指導者は政治教育に責任がある。モデル校が優秀な生徒を教育する。肉体労働と政治的活動は、週に一回行なうにとどめられた。西洋と日本の影響を受けた新しい教科書が作られた。以前に労働者や農民だった教員は解雇され、そしてかつての教授たちが再任された。科学的、技術的な研究は発展する。一九七八年に専門教育機関は三七二校あり、一万五〇〇〇人以上の研究者が働いている。この時代は一億四六〇〇万人以上が小学校に通っており、約六五〇〇万人が五〇〇万校の中学校へ通い、高等教育へは八五万人が通っている。

それ以降、教育方法は、イデオロギーから逃れることになる。

しかしながら、中国の優れた学校ですべてがうまくいっているわけではない。学習にはだんだんと金が多くかかるようになり、このことが九年間の義務教育の障害になっている。政府が禁止していたにもかかわらず、学校は登録費用を増額した。大学では一九九二年に三倍になる。そのことは私立学校を拡大させることになる。一九九三年には、一七校の大学、五四校の中学校、六五五校の小学校が私立である。共産党の認可で一九九一年以後に創設されたこれらの学校の大部分は、教員も教科書も科目もすべてが自由に選択できる。学生たちへの政治的監視を厳しくし、経済的発展がきわめて驚異的な中国は、毛沢東の「完璧な人間」の思想を規律を守り、有能な人間のイメージと取り替えたように見える。三〇〇〇年目の黎明期にいる中国は、学校そのものが有能で規律あるものに創られるのを求めている。

Ⅱ　二十世紀後半のフランスの学校

1　改革の精神

（A）ランジュヴァン＝ヴァロン案

この計画は「解放」への限りない希望を結晶化させることにある。それは教育の権利を確立することである。義務教育の延長である。十五歳からも職業教育が学校で行なわれることになる。指導課程の制定は共通カリキュラム教育によって、その後の進路の決定を可能にする。無料の教育は修了証書またはバカロレアによって承認されることになる。高等教育は三段階に構成され、最終的には古い文化、文学または科学が定められる（博士号）。理論教育または実践教育が関係してくるのは、指導員たちであり教授たちである。しかし政治的状況はランジュヴァン＝ヴァロン案の実施を可能にしていない。

（B）新課程の試み

カピタン大臣、P・ランジュヴァン大臣、G・モノ大臣の主導で、一九四五年以後に八〇〇学級が創設されたが、それらは第六学級から第三学級までで、九〇校のリセまたはコレージュで教員も新規採用された。そこで主導する重要なことは、自由に生徒たちの能力を観察し発展させて、進路指導を行なうことである。対策は何度もとられるが、フーシェ改革、フォールおよびアビの改革によって縮小していく。それはたとえば進路指導課程、学級評議会、教育の継続問題、積極的個性化の方法、世界を理解する方法、班（教員の集団も）、自主的な勉強（または個人）、基礎教科の習熟別グループといった対策である。

一方、「教育とスポーツの二区分教授法」は、午後を肉体的、芸術的、社会的な活動にあて、体験段階の教育を行なうものである。一九五一年にG・モノは、教育適性証書によって承認される一年間の職業教育を教授たちに要求して大改革をやり遂げる。職業教育の教員たちのために設けられたのは、五校の国立師範養成学校、技術教育の高等師範学校の拡張、サン＝クルーのENS（高等師範学校）の拡張、R・ガル、ついでにL・ルグランに委託された研究業務に資金を出す国立教育研究所の創設（L・クロスの指導のもとで）、パリ大学の最初の教育学講座の学校施設（M・ドブス）である。それらはすべての教員たちの養成のために高まる関心を証明するもので、現代生活に学校が適応する必要性のためである。しかし、政治的状況と教育学上の拘束により、だいぶ前から前進が阻まれていた。

(C) 一九五九年一月六日の政令

フランス共和国を窮地に陥れた事件〔モロッコやチュニジアなどの植民地が続々と独立した〕後に、ド・ゴール大統領は緊急に改革の必要性を確信して、十六歳までの義務教育延長の中等教育報告を発表している。十一歳から十五歳までの前期は、生徒の知識獲得および進路指導に充てられる。

中等教育の前期の自主的な教育上の統一は、以後は誰でも入学できる中等教育コレージュ（CES）にある。普通教育コレージュ（CEG）も同じである。子供たちは三つの進路に分けられる。長期教育（古典）、長期教育（現代）と短期教育（現代）である。いわゆる「過渡期」の第三学級には、実用学級からそのまま進学する（生徒数の六分の一から四分の一）。

（D）歴史の進展の急速化

一九六七年頃、基本的な変化が切迫してくる。機構の再整備はまだ充分ではなかった。公正と進歩、計画と方法を確かめるためには再考すべきである。CET（技術教育コレージュ）、リセ、学部の受入不足は、次第に誰の目にも明らかになってきて、とりわけ人口統計学上の「新しい波」によってあふれてきた大学レベルにおいてである。三分の二の国民が入学を望んでも、一〇パーセントしか入学できない。中等教育を修了した年齢者の学級では一五パーセントである。一〇パーセントから一五パーセントの学生が学士号を取得するまでになる。若者たちの七〇パーセントは準備もなく、働ける年齢をむかえる。この「巨大な難局」を前に不安は大きくなる。以後、社会的イデオロギーまたは政治的イデオロギーが対立することになる。

（E）アミアンの討議会

一九六六年十一月に、P・マンデス・フランスの教唆により、高等教育の討議会がカーンで開催された。ひきつづいて一九六八年三月には、科学研究発展のための学校教育協会の提案で、アミアンの討議会が行なわれた。テーマは意味深い。「新しい学校のために――教師養成と教育の研究」である。A・リシュネロヴィッチは「合目的性、評価、教育方法を再考する必要性」を強調した。教員養成委員会は、エドガー・フォール大臣の計画に役立つものを作った。アミアン討議会は世論に警告し、大学に呼びかけた。

2 危機と躊躇

（A）一九六八年三月の活動から五月革命まで

エリートの子はエリートに、労働者の子は労働者に教育する「社会階層の文化」を温存している大学に反対して三月二十二日に激しい抗議を始めたのは、ナンテール（社会学部門）の人文科学部と文学部である。「過激派」と呼ばれる学生たちは、政治的で経済的な権力に対する教育と研究の独立、現在および将来の大学の門戸開放、最も高度な文化への万人の権利、管理運営に関する緩和および共同管理を要求した。教員たちは合目的性についての討論を受入れる。連鎖的な反応の活動は、五月五日から十三日までのバリケードや九〇〇万人の労働者によるゼネストに行き着く。この衝突は、隣国の大学にも広がっていった。この混乱、この嵐は文明の危機の兆候を現わしていた。青年男女は、自分の意志と能力を明らかにした。暴力は改革を行なうためには避けられない唯一の方法なのであろうか？　三人の閣僚が、それに応える回答を準備するために熱心に活動した。

（B）高等教育基本法（一九六八年十一月十二日）

七月四日に大臣に任命されたエドガー・フォールは、草案を七月二十四日に国民議会へ提出する。国民議会は、ほぼ全会一致で政党や大学機関や世論の賛成を得る。この法律は改革を断行する政治に結びつき、フランスとフランスの青年男女を二〇年間拘束した。自治と参加という二つの基本を再びうち立て、大学は現代生活の必要性に応えることになる。正確な知識の伝達と消化、研究の発展、人間の教育である。すべての人に開かれていることが、最良の職業選択をあらゆる人に保障するに違いない。生涯学習という一つの目的に向かって大学は、時代の先端を行く科学的進歩および共同体全体の文化的発展の手段になる。

大学の独立は情報と教育の自由を保障し、あらゆる思想を尊重し、真の自治を保障する。六二六の教育研究系〔学部〕(UER)が主要学科の回りに創設される。高等教育委員会が大学を動かしていく。自主管理の学際的な三大学が、先導的実験活動を行なっていく。「教育学」が、特定の学士号や修士号を生む。そのときの学生数は、確実に九〇万人近くになる。一九九一年以後、縮小された管理機構とともに七大学が創設された。外国語が必修になる。共同管理は教員、研究者、学生、管理職者のあいだで組織される。思想の新形式によって育成の新内容が、科学と技術の厳密さに自由な創造性を結びつけ、休むことのない近代化への要請が民主化の要求と結び付いている。

改革は現実のものになる。義務教育ではないが幼稚園は典型的な教育施設となり、四歳児から六歳児まで一〇〇パーセント近くが就園している。その数は四〇〇万人以上と安定していて、初等教育学校は根底から変えられる。科目の軽減と三区分教授法[1]である。中等教育段階〔前期〕においては、二年間の「共通カリキュラム教育」がある。第四学級と第三学級にある選択科目には工学、ラテン語、第二外国語、現代数学、教員の再教育後の一般概論がある。リセにおいてはバカロレアが高等教育の最も安定した適性保証になっている。技術教育課程においては、コレージュが第四学級に結びついている。一九七〇年を過ぎると、国立教育職業情報資料センター（ＯＮＩＳＥＰ）がその進学校として設立される。すべては職業生涯教育制度に含まれている。しかしながら、その消極的な選択は積極的な進路に対して優位を占める。伝統は、いつも技術教育を軽視している。「明日の学校はやるべきことが残っている」とカペル大学区長は書いている。

（1）一週の時間を国語一〇、算数五、地理・歴史・音楽・図工七、体育五時間に分ける方式だが、一九八五年に廃止された〔訳注〕。

各大臣はそれぞれの改革に努力するが、予算額によって制限され、慎重な管理によって弱められていく。次第に困難になる規律への服従を気づかう人びと、抵抗する体制を助けたいと思う革命的精神の人びと、そして保守的な教員たちによって異議が唱えられる。

それらの反駁の最も大きいのは、Ｒ・アビ大臣が議会によって一九七五年七月十八日に承認したものである。初等学校は中等準備科を含むようになり、すべての人に開かれている中等学校は二年間の基礎課程と、同じ二年間の進学課程がある。このプログラムは共通カリキュラム教育と、場合によっては職業前の選択科目の活動を組み合わせるものである。ＣＥＴ（技術教育コレージュ）は職業教育リセ（ＬＥＰ）になり、四〇〇〇の免状を用意する（職業適性証、職業教育修了証）。

（Ｃ）必然的適応と「静かな」革命

一九八一年五月十日のフランソワ・ミッテラン大統領の選出は、新しい状況を生みだす。私立のカトリック学校の支持者の妨害のせいで、サヴァリ大臣やシュヴェヌマン大臣は「非宗教的な教育の唯一の活動」を組織できなくなる。しかしながら、重要な報告（ルイ・ルグランのコレージュ、アントワーヌ・プロストのリセ）ののちに、学業困難な学生の援助、とくに外国人や障害者の援助のために学校が補整する役割に対して最も大きな注意が払われる。外国人については、その出身地の文化の発展を主張することが同化を妨げることになる。（L・ポルシェ）。また、障害者のための「優先部門」（一九八二年一月十九日の初等教育課程の中級）というその思想は、師範学校系統における統合を明確にしている。繊細な問題のため解決法は限定的で、二五万人の障害者に対して受入れられているのは三万一五〇〇人しかいない。他方ではマジェールの研究に続いて、ブロームが客観的にいわゆる教育学を明確にしている。才能の開花、楽器の才能は知識の獲得に勝る（一九七七年から一九八〇年の教育）。読書や、体育や美学、知的発育を促す活動（環境との接触）が強調される。知的発育を促す活動は、一九八五年に削られることになる。歴史の体系的教育は復原されるが、最も重要なことは技術（中級と中等段階）の伸張である。経済や社会についての手引には多くの困難が伴う（公民教育の場合は歴史に結びつく）。

教育は国家の問題になった。救済すべきはまず学校就学が困難な子供たちである（頼りになるのは教育学、七〇〇〇人の心理学者への呼びかけ、教育心理学活動を行なう集団）。または不利な環境である。一九八一年十二月二十八日には五四四の教育優先地域（ZEP）が決められ、追加の資金が支給され、ボランティアの教授たちが張りついた。教育優先地域（ZEP）のプランは本来ならば一九九三年の再開時に再編されなければならなかった。しかし、ジャック・ラング大臣はこの検討を先送りした。この国の舵取りのない状況のほかに、教育優先地域（ZEP）は大きな困難にぶつかった（調整が行なわれなかったために、社会的援助や文化的活動へと漂流し、巻き添えになった教員たちの不平等な流動化が起こった）。有効な解決は見出されないままである。

（D）行政と学校の騒ぎ

フランスは若者に関心を持っているが、若者は国の活動が不充分であると感じている。そして、学校は「歴史」全体を示しているとされる。一九八三年春のストライキは一九八四年一月十六日のサヴァリ法を生む。この法律は制度全体を再編成することを要求している（新しいグループ化、支えとなる教育法）。きわめて「職業前教育化された」中等教育は、「それに対応した教育と雇用の将来を見通して」行なわなければならない。一九八六年のシラク内閣が組織されたのち、アラン・ドゥヴァケ大学研究省大臣によって発表された改革は、大学生や高校生の集団的な反発を引起こし、一九八六年十二月八日に大臣は辞職せざるをえなかった。

（E）教員の育成に関する基本的改革の前に、最近一五年間のフランスの学校の概要を素描する必要がある。

――幼稚園と初等学校：幼稚園はいつも家庭に対して同じ配慮をしている。公表されていないが、一九九一年に行なわれたある調査は「二歳で（幼稚園に）就学する社会的で教育的な効果」を分析している。(1) 一年目の初級科の期末に二歳で就学する子供の人数は約四パーセント以上いて、フランス語と数学については三歳で就学する。そのことは就学の全期間を通して有利なままでいくことを意味するわけではない。

（1）経済教育研究学院のJ＝P・ジャルース／A・ミルガ／M・リシャール。

なんであれ、幼稚園と初等学校の重要性について、F・ベイルー大臣は次のように主張した。「そこでは、その後の就学すべての基礎が作られるのである」[1]。

（1）一九九〇年二月十五日の演説、一九九〇年三月一日の『BOEN』第九号。

一九九〇年九月四日の政令および一九九一年一月十九日の法律によって、幼稚園および初等学校は大幅な変更の対象になった。幼稚園および初等学校の児童たちは三学習期に分けられる（五歳までの初期学習期、五歳から八歳までの基礎学習期、初等教育課程の中級科第二年次までの応用学習期）。児童は各々の学習期を二年から四年間で就学する。この制度の曖昧さと危険性は明白である。まず第一に、最初の二つの学習期が二つとも幼稚園年長組に属するという混乱を生じさせている。その他には基礎学科の教育を集団的、組織的に進めることについての予測は疑うべきである。

そのうえ、教育学的欲望は、フランスの学校の奥底にある傾向と一致するだけにますますはっきり現われてくる。たとえ視察官が抑制するよりもむしろ助言するようになり、難しい学科には教育の助言者が介入するようになっても、方法は少し変化し、教育についての知識が優先される。次第に試験は記憶や抽象的観念に価値をおく傾向になる。そのとき、社会が要求するのは根本的にさまざまな特性である。義務と自発性、適応と責任、根気強さと協力である。これらの要請について、何らかの進歩は指摘すべきである。そのうえ、三区分教授法、視聴覚補助者の支援、運営された研究組織、授業計画は軽減される[1]。言語（フランス語と数学）、公民教育、勉強方法の修得は優先され、、科学と歴史と地理の基本科目が仕上げられる。CE1（初級課程第一年次）になったときから外国語の学習を毎日一五分行なうことになっている。

（1）「新しい授業計画について」『BOEN』第三一号（一九九四年九月一日）参照。

実際に初等教育に要求されていることは、中等教育が求める教育的手段と設備である。

――中等教育：中等教育はまさに難局のなかにある。経済不況のゆえに、リセを卒業した若者のうち定職に就いたのは、一九七五年には七〇パーセントだったのに対して、一九八六年にはわずかに三〇パーセントである。さらに――そして多分それゆえに――不満が学校のなかで増加するが、とくにパリ郊外の学校で増大する。一方では不安に思う生徒（ときには有権者）の数が多くなり、自由に意見が言えるようになり、そして他方では何も言えない強制的な修道院生活や労働があって、その不均衡が大きくなっていた。若者たちは言いたいことがあり（おさえつける教育が行なわれることはほとんどなかったが）、聞いて貰いたいのである。彼らは過労（「苦役」）や目前の失敗またはその心配に参っている。社会文化的になった学校の寮が、緊張を弛める交流の場となると、エドガー・フォールが期待したような成功は得られず、そのとき多くの生徒たちによって打ち負かされた教授や校長たちは職責を果たすかわりに、危機から離れようとした。そして、それは一九九〇年秋の爆発になる。大臣はただちに、学校生活の改善のために四五〇万フラン（六八万ユーロ）をリセに与える。高等教育会議の意見に続いて一九九〇年十二月に「リセの生徒の権利と義務」の決定稿を出す。集会の自由、口頭および文書による表明、学校議会への参加である。（リセの校長に正当な反対理由があればその可能性をすべて調整すること）。このようにして黙認や非宗教性や他者を尊敬する精神に従って、あらゆる熱心な勧誘や宣伝に捉われないことを人は希望するし、生徒たちは市民としての責任を身に付け、あらゆる方法で「個人、設備、学校での勉強を尊重するようになる」。

熱は下がったが、病気は治っていない。コレージュの場合はとくにそうである。コレージュは、注意深い観察者には教育制度の「弱点」のように見える。留年、挫折、退学があまりに多いので、F・ベイルー（彼は内部の制度を知っている）は「きわめて不公平な」コレージュのことを話題にし、そんなコレージュに対して「皆のためのコレージュ」の考え方で対抗した。そのために、彼は円卓会議に関係した一六万人の教員を直接調査した。追加として彼は特別委員会に報告書を要請した。「優秀合格者」が出るように四〇の提案がなされた。授業計画に関しては「知識の基礎基盤」を定めるように提案される。それは全生徒に共通して（あらゆる「詰め込み主義」以外の）、フランス語と数学を基礎にして行なわれ、「実験分野」の自然科学や物理学、技術、情報処理……によって補完されるものだった。三時間という限られた時間での会議で生徒数の減少についても取り組んだ。さらに、「子供たちの能力開発に貢献する」科目への評価も高まる（芸術科目、体育、技術、社会活動）。そのうえ、生徒たちはコミュニケーションに関する新技術の情報を受入れた。水準ごとの進歩は目標を設けて可能となり、学校教育のコースを調整することで可能となる。これらの目標となる「浮標」は、教育基本法を遵守することにもなる。

コレージュにおける最も難しく最も重要な問題は、生徒を客とみる異質性にある。一般的には、この問題は教師たちの毅然たる態度がないことが原因であり、とくに農村のコレージュにおいてそうである

（学校全体の一〇パーセント）。

それゆえに、教員の労働組合と全国監視団体は大臣への批判で一致することになる。後者の全国監視団体はいくつもの情報を吟味して、一九九四年五月九日に一五五の提案をしている。これらの提案は一九九五年の新学期開始の秋から徐々に実施されていく。予想される成果は、みずから手を挙げた三六八校のコレージュでテストされることになる。

すべては進行中であり、まずは目的にあっているかどうかの再検討である。「第三級までのコレージュの全生徒に対して提案しなければならないのは、困っている生徒に正解をもたらし、合格させるためのコースであり、重要なことについて凝縮した基礎を身に付ける技法を優先させることである」[1]。したがって、これ以降コレージュが三つの課程に組織される。第六級、第五・四級、第三級のクラスである。強く勧められるのは新しい教育方法である。たとえば、能力別編成グループ、チューターによる個人指導、監督された自習、少人数教育、視聴覚機器の利用、単位制（さまざまな方法で動機づけされる活動）である。

（1）「提案」の二五、三七、三八。

第三級のクラスは、普通技術リセや職業リセへの準備という特権が与えられる期間になる[1]。一級下の第四級のクラスの負担は軽減されていて新しい組織体が示され、それは多様化したコースの第五級から始まる[2]。しかしながら、最も重要な努力は第六級クラスにもたらされる。体制の強化により、学業が困難な生徒は個々の水準に戻って勉強することが可能になる。かくして第六級のクラスは、本当の意味での進路についての「確定」（F・ベイルー）のクラスになるに違いないし、メルモーズ・ド・モンペリエ・リセの経験にならって、学校教育案や各生徒の大学の決定は一年間の授業で練られるが、それは教授、心理学者、両親、地元の企業家および生徒が集まる会のおかげなのである。この第六級のクラスの「確定」は、フランソワ・ベイルーの目的の一つである。それを達成するために、彼は困難な地位においても有望な「適性」をもっていて、すぐれた仕事をして成果を出すような、自発的に取り組む教員を任命することを強く勧めている。

（1）「提案」の二九。
（2）「提案」の二八。

――リセ：リセにはコレージュのような困難はない。それは成功の記録である。リセの拡大は明白である。一九九一年に、十六歳の九二・四パーセントがリセに通っている（アメリカ合衆国は九〇・二パーセント）。十七歳では八六・四パーセントである（アメリカ合衆国は七四・七パーセント）。十八歳でリセにいる青少年はまだ五七・二パーセントである（アメリカ合衆国は二一・二パーセント）。十九歳では、各々のパーセントは三一・六パーセントと五パーセントである。全体では一九七五年にはバカロレア合格者の四〇パーセントが高等教育を受けているのに対して、一九八九年では九六パーセントである。一九九三年には、リセの生徒の九五パーセントが職業適任証（CAP）または職業教育修了証（BEP）レベルにある。各年度の資格を取らずに退学するリセの生徒数は減少しており、退学者の平均年齢も上がっている。それらの選択は社会環境同様に豊富になってきている。バカロレアもだんだん多様化している。とくに技術または職業部門において多様化しており、二つの新しいバカロレアには農業も含まれている。

一九八四年から一〇年間に、リセの生徒の八〇パーセントがバカロレアを取得することになる。しかし、これは間違って理解されそうである。なぜなら、「八〇パーセントの取得者」を強調すること以上に、反民主主義的でないものはないように思われるからである。排除された二〇パーセントの子供たちはアダムとイヴの子カインであり、彼らにも国家権力の努力と配慮に値する価値があるだろう。それはF・ベイルーの改革に応えているようにも見える。つまり「リセの目標の一つは、生徒たちが勉強や他人と異なる方法で学んでいくなかで、本当の自律を獲得するのを支援することにあり、新しい選択からは体育やスポーツ教育、情報処理や芸術史が生まれる。外国語の実践は、年月をおいて国立教育センターの課程によって進められるが、交流も行なわれ、一ヵ月間ヨーロッパの学校で実習する」[1]ようなことである。もっと大きな問題が大学生活の出口、つまり職業に残されているが、それは役に立つ技術教育の発展を優先的に行なうことである。教育の「職業化」は速いリズムで続けられている。長期職業技術教育課程は、短期課程を吸収する傾向にある。何よりもまず「職業前水準」のクラスは、職業教育のリセを占めていて、だんだんと実験的に第四学級と第三学級にいくことになる。それらの関係は技術リセができて明らかになり、技術リセそのものの選択も豊富である。それらのすべてがBEP（職業教育修了証）、BTS（上級技術者修了証）に通じていて、一九八五年以後は一〇種類ほどの職業バカロレアに通じている。

（1）五四条から六一条まで。

その活動的な一〇年間で技術職業教育（ＥＴＰ）は、優先教育の特色をすでに発揮している。したがって、その定員数も年々増加している。一九九一年には同年齢クラスの五九パーセントの生徒がＥＴＰ（技術職業教育）へ進学している。しかし、それに対応したドイツでの割合は実際のところ八〇パーセントであり、フランスの若者の選択はみずからの意志で進学した者よりも、一般教育学習に失敗した者のほうが多い結果になっている。

いずれにせよＥＴＰ（技術職業教育）には、「合目的性」や「構造」や「方法」に関して微妙な問題がある。法律は、この改革を続けるのに苦労している。実際上は一九七一年に見習技能者養成センター（ＣＦＡ）の創設後、一九八七年の法律は十六歳から二十五歳までの若者たちの職業訓練に及んでいるが、そのことは教育に文字どおりの段階が作られた。一九九三年からの五年間の法律は職業教育を地方分権化して職業訓練を改革することになる。生徒たちは十四歳になるとコレージュを修了して去り「就業と研修の期間を交互に行なう職業前入門クラス」に入学することができる。したがって、一九八九年七月に教育基本法が改正される。すべての若者が「教育制度を修了する前に職業教育を受けるのを自分で検討」しなければならなくなる（一九九三年の法律第三五条）。問題になるのは、とくに職業教育リセ（ＬＥＰ）の機構である。続いて義務教育が十六歳まで延長されるが、技術教育コレージュ（ＣＥＴ）はコレージュの後期の教育課程に進学することができる第三学級の生徒を受入れる中等教育段階の学校である。二年間の普通教育と技術教育で「職業教育修了証」（ＢＥＰ）を取得する。ＣＥＴ（技術教育コレージュ）は、困難に陥っているＣＥＳ（中等教育コレージュ）の生徒数の増加に応じつづけている。このようにしてCAP（職業適任証）の生徒の水準は低下していく。一九七一年には四人に一人がCET（技術教育コレージュ）を修了した資格を取得できなかった。一九七六年には、CET（技術教育コレージュ）が第一課程と第二課程を同時に持っている学校の曖昧さを取り除くために、「職業教育リセ」という名称を与えて第二課程の学校にした。そこに「技術教育リセ」が入って再編されて、より理論的にすっきりしてバカロレア取得を指導するが、LEP（職業教育リセ）ではCAP（職業適任証）とBEP（職業教育修了証）の取得を準備するにとどまっている。

LEP（職業教育リセ）の成功は、はっきりと表われた。一九七〇〜七一年度から一九八五〜八六年度までの定員増加は、CAP（職業適任証）取得の準備クラス（第四学級と第三学級）で三二パーセント増であり、BEP（職業教育修了証）と言われるクラス（第一学級と第二学級）で五三パーセント増であった。生徒数は一九七〇〜七一年度が三八万二〇〇〇人、一九八五〜八六年度が六二万九〇〇〇人である。一九六〇年には同年齢クラスの一〇パーセントがバカロレア水準に達したのに対して、一九八五〜八六年度は四〇パーセントである。一九八五年には一三〇〇校のLEP（職業教育リセ）が「職業リセ」（LP）の名称を取得する。質的進歩は「各生徒の個別計画」を念入りに準備する方法によって保証されている。今後、教員たちは国立専門師範学校で養成される。観察と具体的な目的の作成に基礎を置いて動機づけがなされる教育法は徐々に念入りに準備され、それが本当の「目的教育法」である。[1]

（1）LP（職業リセ）によって生じた全体の問題については、G・ヴェイユ『新しい出発としての職業リセ生活』（リヨン、社会史社、一九九二年）参照。

このようにしてETP（技術職業教育）は、現代教育のなかで最も急を要するものの一つとして課せられている職業準備に徐々に貢献してきている。企業の役割を否定するものではないが、それとは反対の教育学的活動と結びつきながらも、さまざまな形態（実習、就業と研修の期間交互）の教育方法の結果、一九八七年十二月のラ・ヴィレット公園の討論会で望まれたように「技術的文化」が顔を出すことだろう。

同じ種類の学校に、大学付設技術短期大学部（IUT）の成功と発展があるが（まもなく三〇年になる）、バカロレア水準からの二年間の高等技術者教育が行なわれている。IUT（大学付設技術短期大学部）の成功（危機によって相対化されたのは本当である）は、生徒の厳格な選抜と、管理面と同様に学校教育面での企業との親密な協力の結果である。学生数は規則正しく確実に増えている。一九九三年には四万六五三一人にのぼり、一九九二年より七パーセント増加している。学生の就職は前年度まで順調なままきている。

IUT（大学付設技術短期大学部）は、最近の大学改革における最も積極的な様相を呈しているものの一つである。IUT（大学付設技術短期大学部）が入口になっているが、さらにいくつかの大学ではバカロレア取得後四年間の大学付設職業教育センター（IUP）を創設した。

――グランド・ゼコールと総合大学：グランド・ゼコールに関しては、批判的な考察をしなければならない。外見上は、グランド・ゼコールは現実的な成果を出している。「定員増と入学形態の多様性、国際化、研究活動と総合大学との関係……教育の継続と企業との関係、地域的な側面……技術者教育の新しい段階、教育法の改良である[1]」。

（1）熟練調査研究所（CEREQ）情報解説、九三三二号、一九九三年八月。

これはフランスのグランド・ゼコールが、国際的にも名声が大きくなったことを表わしている。そのあいだに支出費用もきわめて多くなり、学生一人当たりの学校教育にかかる費用は総合大学の学生の三倍である。

新入生の準備学級における過労や「新入生いじめ」という馬鹿げた礼儀があることに対する非難に加えて、グランド・ゼコールの「過度の競争選択性」が非難されている。[1] この制度が高等教育の枠組のなかで輩出している学生数は多くはない。不合格になった不幸な受験生たちは、すでに多すぎる総合大学の定員を増やしており、それは困難な事柄でもある。

（1）F・ゴーセンの『ル・モンド』紙の一九九〇年二月七日の記事。

確かに総合大学は質的な進歩をしており、深く極める研究によって注目されるようになってきた。第二期課程では、高等研究修了証（DES）があり、教授資格に必要なもので、一九八五年創られた高度な質を保証するものである。第三期課程では、専門研究課程修了証（DEA）があり、改革された博士号と研究適任証（CAR）がある。

運営と教育の困難が同時に増大する。一九七〇年から一九九〇年のあいだに学生の人数は二倍になったが、[1] 同期間の総合大学の教員数は三万九〇〇〇人から五万五四〇〇人になった。つまり全体枠では教員が不足しているということである。

（1）一九九〇年は一一七万一九〇〇人の学生数で、文学四五万九二一人、法律三二万七七六三人、理学二九万九五八二人、医学一四万八一一七人（『教育世界』一九九四年十月、三一頁）。

この問題は、あらゆるレベルに現われる。そして、フランスの教員たちの教育法の準備は、第一段階の小学校の教師から始められているが、第二段階のものはあまりに不完全なままである。さらに、ヴィシー政府によって排除された時代の師範学校の制度は、改革が求められている。したがって、リオネル・ジョスパン大臣は完全に新しい問題の解決方法に賛同する。それまでの学校は共和制やフランスに役立っていたのにもかかわらず廃止された。師範学校のみならず第二段階の地域教育センターも廃止された。それらに代わって小学校の指導員（学校の教授にもなる）およびあらゆる中等教育課程の教師を同時に養成する唯一の学校が創設された。三校の総合大学で一年間の指導を受けたのちに、二九校の教員教育大学センター（ＩＵＦＭ）のうちから「大学区」の範囲内で新しく教員になる。大臣がこのような教育法を広めることを望んだおかげで、さまざまな教育者の価値観にあった教育が実現され、強い要望によって報酬の改善が正当化される。

教員教育大学センター（ＩＵＦＭ）は、バカロレア取得後三年の学生を受入れるように定められているが、書類または面接によって入学が許可され、初等教育と中等教育の割当ては入学してから行なわれる。一年次は学部での修士資格の養成が許可されていて、試験で修了することが一九九一年十月十八日の省令で決っている。「試験は……（この競争によって）……その内容がすぐれた修士資格者を引き立たせるものでなければならない……そして期待される能力は、知識としては修士資格以上のものでなければならない」。二年次はより専門的教育が行なわれるが、それは認定された授業計画について専門的知識による作文で、一般には「責任のある実習」や「共同実践」に相当する（一九九一年七月十一日の国民教育省広報）。「実習だけが将来の教員の職業上の適性を決定する方法として判断することができる……決められた選択がいかなるものであろうと、それはクラスのなかで獲得された経験または知識の実践的活動として行なわれたことについての個人的考えを述べることが受験者に要求されている」。それは絶対的形式のもとに普遍的秩序をもたらす一般的教育で、職業上必要な最低の基本と関係し、専門がなんであろうとあらゆる教員が持っている文化教養の発現を奨励するものである。

それらの結果が制度の創造者の希望に応えるものかどうかがわかるのはこれからである。もしも教員採用の成功が否定できないとしても、それが制度にあるのか、経済的危機にあるのか誰も言うことはできない。ともかく批評家にはこと欠かない。したがって、総監や議員たちは、この改革の実施が急いで行なわれたために範例も不充分で構想もなく、必要な説明もないことを強調している。IUFM（教員教育大学センター）は「教育学的な間に合わせの仕事においてあまりにも専門化されたように見える」、とくに有名な一般的教育はまったく期待はずれで、「小児化と隠語」が組みあわさっている。

「教員全体を同じ機構に同居させることを望み、養成方法を変えることなどは本当に軽蔑すべきである」[1]ということを再認識すべきである。実際そこには微妙な問題がある。人口全体とそれに関係した機構の問題である。カーン大学のIUFM（教員教育大学センター）だけとっても一五〇〇人の学生、四〇〇人の職業訓練官、一つの総合大学、四〇〇校の中等教育学校と約二〇〇〇校の初等教育学校がある。これらの指摘に対しては年々改良されてきているだけに非難は少なくなっている。とりわけ、できる限り理論と実践と同じように調和が取れて有効に一体化されている教育法は、少しずつ輪郭が示されてきている。

（1）ジャン・ギュグリエルミ「教師の教育」、パリ第八大学『刷新と変化』。

この機構は、私たちが最も必要としている人びとの採用をいつも確実にできるものなのである。「中等学校の教授」と小学校の教師と幼稚園の女性教師たちである。この機構は最も重要なことを尊重し、勇気づける。予測できずに不安だが、夢中になれる未来と向きあうためには、使命と気骨が必要である。したがって「教師というものは、未来や社会的地位や価値観について生徒たちが提起したすべての質問に解答するのに適している者である[1]」。

（1）J＝P・オバン（総監）、一九九一年九月二十六日の『ル・モンド』紙。

結　論「さほど教育を受けていない人びとに、もっと多く与えること」

子供と学校を和解させること、両立させることが重要である。幼年時代にはいつも魔力が住んでいる。しかし、幼稚園というエデンの園を乗り越えて、これらの魔力はこんにちでは学校には不利に働いていているのである。万事がまるで本質を変えたかのごとくであり、若者たちは突然に「老けこんだかの」ようである。それは多分、彼らには歪んだ協定によって裏切られたという意識があるからだ。大人たちは、彼らの未来を保障するパスポートや旅費とひきかえに、青春の最良のものを放棄するように要求してきた。ところで未来を保障するものは何もないままであり、実際上は学校を変えたものは何もなかったのだ。そこからは不安、抗議、異議、不平および絶望まであり、シャルル＝ルイ・フィリップの叫びが思い起こされる。「学校よ、あなたは私の青春の何だったのか？」この異議申し立ては、少しずつ暴力的な顔つきや反乱の声になっていった。

学校はみずから改革するように要求された。そして、この要求は絶えず尊重されてきた。しかし、学校はそれができて、それを望んでいるのだろうか？　なぜなら、もしも子供が魔力を持ちつづけていたならば、フランスの学校はいつも昔からいる悪魔に苦しめられるだろう。学校は決定的に時代遅れの世界として神に忠実なままで、考えることよりも言葉の知識を重視する唯言語主義の世界であって、啓蒙的性格、知識万能主義、エリート主義の世界である。エリート主義は謙虚で慎ましい環境から出てきた子供たちを粉々にする。正式な統計学上の数字は次のとおりである。労働者や農民の子供の一六パーセントがバカロレア取得者であるが、これに対して管理職者や自由業者の子供は七四パーセントである。教員の子供の場合は八〇パーセントに上り、言語に長けた者が優位であるということがわかる。

この文化は社会的成功を保障するために、充分に長い時間をかけてきたことを認めなければならない。学校はそれに唱えられた異議も大変に深く受けとめているし、そのことを理解し、「知識人」と活発にぶつかっている。実際に学校の宗教的起源となっているその「聖職者的」性格を忘れてはならない。すべては「儀式という」(アラン)そのもののなかにある(あたかも礼拝式はときどき無気力を目指すようである)。学校は、いわば上流婦人になった。学校は、最近までそれ自体が完成したもののごとく設立され、あらゆる批判が冒瀆であった。けれども学校は未完成である。国によってもたらされた制度に本質的に属している。学校は配慮されるべきである。あらゆる学校施設で最も教育に役立っていないのは幼稚園であろうか? ほとんどすべての子供たちに読み書きを教えず、フランス語を普及させなかったのだろうか? 幼稚園という制度は別の意味で哲学者や文学者や学者や発明家たちが要求する多くのものをこの世界に与えなかったのだろうか? それでも、間違いがあったとしても、幼稚園は国家のなかで最初に教育を行なう場所であった。国は最初の雇用者となり、あらゆるレベルから一〇〇万人近い人びとが公務員になった。住民の四分の一を学校が管理している。一三〇〇万人近くが生徒である。したがって文教施設が最も広い土地面積(五万平方キロメートル以上)を占めていて、二万五〇〇〇校の学校がある。

国家予算においても最も重要なものとなり、四〇〇〇億フラン〔六〇〇億ユーロ〕近くになるだろう（国内総生産の六七パーセント）。

国民教育省はそれゆえに、いわば一軒の大きな家である。有効な教育法の実現と民主的教育の理想のあいだで必要な改革をやり遂げるために時間が過ぎていく。歴史は待ってくれない。なぜなら、私たちの眼の前には、私たちの知識や力や考えたり生活する方法を激変させる科学的、技術的な革命が起こっているからである。情報伝播が世界に対する理解を変化させて、いくつもの重要性を生みだしている。完全には利用されていなくても、学校そのものにはサイバネティックス[1]や情報科学が浸透してきている。社会化するのと同時に個人化する教育は、ヨーロッパ規模（エラスムス計画）や世界規模（UNESCO）にもなってきている。

（1）サイバネティックスは、人工頭脳やオートメーション機械等の改良を目指す新学問で、通信工学と制御工学を統一的に扱い、自動制御学とも言われる。ギリシア語の「（船の）舵を取る者」を意味するキベルネテスが語源である〔訳注〕。

実際の教育機構は政治、社会、経済環境に従属している。それらの改善は、有能な労働者、犠牲的精神があって寛大で活動的な市民、自主的で楽観的な人びとを想定する全体的な解決にかかっている。

人文科学によって明らかになった新しい教育学は、絶えず変化して、教育の歴史を記した子供時代の旅行者の作品のようなものであり、旅行者、建築家マリア・モンテッソリの作品であり、陣頭に立つ実践家セルスタン・フレネの作品である。しかし、さまざまな方法の進歩よりももっと重要なのは、合目的性の確立が残されていることである。未来に眼を向けた教育は、競争、危機、革命および戦争をしないで済むように私たちを救済しなければならず、理解と友愛で改革するのでなければ、私たちはそれらを余儀なくさせられる。

要するに、自分たちの権利を守り、義務を引受ける適格な人物を教育しなければならない。それは職業を持つ人間である。そして、さらにもっと正確に言うなら、それは人間としての仕事を持つ人物である。

訳者あとがき

本書は、Jean Vial, *Histoire de l'éducation*（Coll. « Que sais-je? » n°310, P.U.F., Paris, 2004, 3e éd.）の翻訳である。著者のジャン・ヴィアル氏はカーン大学名誉教授である。

近年の我が国の学校、とりわけ私立学校は少子化の影響もあり、今までになく厳しい環境にあるとともに、他方では株式会社立の学校も創設され、教育の質の保証が現代ほど問われている時代はないと思う。明治五年の学制頒布、大正時代の公費負担および戦後の民主化改革を通じて、我が国の教育は一貫して量的拡大に対応してきた。一九六〇年代末の学園紛争による危機についても、今から思えば高等教育における量的拡大への改革が不充分であったのが一因だったように思う。しかし、近年の改革は少子化に対応する量から質への改革であり、その内実は近代以後初めて我が国が経験するものになるに違いない。教育制度という器さえ作ればそれで済む改革ではなくなった。臨時定員増のときのように、学生を受入れるための器の制度を整備しても、いわゆる一流校を除いて、黙っていても子供たちが入学してくる状況ではなくなったのである。

現代は教育や研究の中身が厳しく問われている。教育や研究のミッション（使命）とか社会的責任が、各々の学校関係者一人ひとりによって意識的自覚的に検証され確認されなければならない。器が問われる時代から中身の水が問われる時代になった。教育という水の成分（内容）は何か？　何処から来て（建学の精神）何処へ行くのか（目標）？　未来を理解するには過去を知らなければならない。未来とは過去を見ながら後ろ向きで歩いていくようなものであると言われている。まさに、現在を理解し未来にとって必要なのが「歴史」であり、未来の教育の発展を企図するものでなければならない。少なくとも現代の教育が戦わなければならない相手は、「無教育主義」であると著者のジャン・ヴィアル氏は言う。

本書には、古代から現代までの世界中の様々な国や地域における教育の歴史が紹介されている。たとえば古代ギリシアの教育と言っても、アテネの教育とスパルタの教育では大きく相違しており、教育の合目的性や内実の多様性を表わしている。教育における国家と個人の問題が、すでに鮮明に浮き彫りにされていることを読者は理解されることだろう。教育社会学においては、教育事象を理解し研究するためのアプローチには三つの方法があると言われている。一点目はマクロ的教育事象を把握するうえで有効なもので、アンケートや市場調査などによる方法である。二点目はミクロ的教育事象を把握するうえで有効なもので、事例研究やインタビューなどによる方法である。三点目は歴史的教育事象を把握するうえで有効なもので、文献や歴史的資料などを調査する方法である。教育社会学的側面から考察しようとするなら、本書はおもに三点目の歴史的教育事象を把握するために有効な一冊になるに違いない。もちろん、これら三つの方法はすべてが教育の未来を切りひらいていくことを目的にしていることに変りないが、従前から教育行政に携わる人々や学校経営者が歴史的教育事象の調査・研究が充分でないままその運用が決定されていく現実を否定できないように感じるのは私一人ではないと思う。本書が、我が国の教育の未来を検討するうえでも一つの参考になることを期待したいと思う。

昨年、私は大分県日田市にある一八一七年に開かれた私塾咸宜園《かんぎえん》跡を訪ねた。咸宜園解説者の錦英幸氏によると、儒学者の廣瀬淡窓《たんそう》がそこで行なっていた教育は江戸時代でありながら士農工商の身分にとらわれず公平で、教科（カリキュラム）や月旦評（成績表）などを設けた近代教育制度に近いものであった。維新後の一八七一年（明治四年）に欧米視察に行った岩倉具視や大久保利通らの帰国を待つことなく学制頒布が行なわれ、二万校以上の小学校が奇跡的と言ってよいくらいに瞬く間に創設された。改革はつねに急がねばならなかった証左でもある。一般的に当時の我が国の近代教育のモデルは欧米の教育制度であると言われているが、実はこの咸宜園であったと錦氏は言う。欧米視察団が帰国してその情報を待つことなく学制頒布が行なわれ、教育が運用されていったのであるから、錦氏が言うことの信憑性は高いようである。いずれにしても我が国の近代教育制度の運用は、すでに欧米の教育内容に類似したものが江戸時代に行なわれており、その下地は決して皆無ではなかった。教育制度とは、突然変異的に発祥したり移入して確立されるものではないようだ。

咸宜園には「鋭きも鈍きもともに捨てがたし　錐と槌とにつかいわけなば」（咸宜園いろは歌）という思想が流れている。錐のように頭脳明晰な人が世の中の役に立つのは当然あり得るが、たとえ槌のように愚直な人物であっても、教育は立派に世の中の役に立つ人物に育てることを可能にするという思想でもある。吉田松陰がおもにエリート政治家を育てた萩の松下村塾、緒方洪庵が医学（蘭学）から多くの人材を輩出し大阪大学の母体となった適塾と並び幕末の三私塾といわれる咸宜園において、廣瀬淡窓は約五〇年間に三〇〇〇人以上の多くの門弟を教育していた。最盛期の在籍者は二〇〇人以上だったと言われ、当時では我が国最大であった。そこからは高野長英、大村益次郎、清浦奎吾らの優れた人材を輩出した。翻って現代社会においても、咸宜園の教育同様に高等教育を受けて立派な人間になる権利が誰にでもあるはずである。

社会学者のエミール・デュルケムは「教育とは個人の利益をおもな目的とするものではなく、社会がその存続のための諸条件を更新する手段である」と言ったが、個人の利益を志向する者は個々の学校の利益を志向するようにもなり、やがて教育の世界に経済学上の市場原理や競争原理を導入することによって教育の質の保証が可能であると考える人々が近年は多くなってきたように感じる。教育について市場原理や競争原理を主張する人々は、性急な成果主義を信奉する思考傾向があるようにも思われるが、ジャン・ヴィアル氏は「未来に眼を向けた教育は、競争、危機、革命および戦争をしないで済むように私たちを救済しなければ」ならないと言う。競争は教育を行なううえでの一方法に過ぎないはずである。相手に勝つことや試験に合格するという相対的目的のみを追求する「諸条件を更新する手段」は、決して健全な社会の存続を約束するものではないことを教育の歴史が教えてくれているように私は考える。

教室で行なう計算は、自分で考えて数字を僅かに間違えても、大きな数字の間違いでなければ正解を機械的に算出することよりも大切である、と哲学者で終生リセ（高等中学校）の教師であったアランは言う。教育における成果とは、ときには「失敗」のことでもあると敢えて言っても過言ではないだろう。

なぜなら人は失敗や間違いから多くのことを学ぶからである。小さな失敗は大きな失敗を犯さないで済むからである。しかし、それらの本当の成果を確認するには長い時間が必要である。まさに、教育は百年の計のものであり、それに対応した学校経営が求められている。

しかし、「競争、危機、革命および戦争」においての失敗はすぐに不幸へ直結するから、それらには「失敗」が教育として生かされる機会はきわめて少なくなってくる。教育改革には、教育の成果への深い洞察力とユマニスム（人間性）が求められている。「社会がその存続のための諸条件を更新する手段」として、教育およびその経営には市場原理や競争原理に基づく目的や使命は、本来的なものには成りえないものであるように考える。逆に、それらを目的や使命と見なす教育や学校経営は、社会を存続させるものではなくて崩壊させるものであると懸念することは私の杞憂であろうか。

少子化時代は、まさに教育の質的向上が図れる絶好の機会でもある。そのためには学校の教員、職員および保護者などの関係者ならびに子供たちが教育の方法についての独創性を発揮して思考し、その顕在化を今まで以上に表現や発表を通して現出させていくことが大切であると考える。学校関係者を始め多くの人々に本書が読まれ、世界の教育の歴史を理解して現代の我が国の教育の合目的性や学校の使命を思考するヒントになれば、私にとっては望外の喜びである。

巻末の資料として、現代のフランスの教育制度の理解に役立つように、一九八九年教育基本法（通称ジョスパン法）を参考までに翻訳した。読者諸氏の忌憚のないご意見ご叱責をお願いする次第である。

パリ在住でリセの教授ジャン＝ルイ・シップフェール氏には、本書のためにパリ市内を奔走していただくとともに、フランスの教育制度について貴重な助言と温かい激励の言葉を頂戴した。
また、本書を上梓するに際して白水社の中川すみさんには大変にお世話になった。そのほかに、本書を上梓するに際してお世話になった方々に、衷心より深謝申し上げる。

二〇〇七年九月

訳者

参考　フランス教育基本法（通称ジョスパン法、一九八九年七月十日の法律第四八六号）

第一条（一九九四年八月四日の法律第六六五号及び一九九八年七月二十九日の法律第六五七号により改正）　教育は国の最優先課題である。公教育活動は、生徒及び学生に関連して構想され、組織される。それは教育の機会均等に寄与するものである。

人格の発達、初期・継続教育の水準の向上、社会・職業生活への参加及び市民としての権利の行使を可能にするため、教育を受ける権利は、各人に保障される。

この権利を保証するために、公教育活動の資金配分は、客観的状況の相違、とくに経済的状況及び社会的状況に関する相違を考慮する。

それは恵まれない社会的環境地域及び散在居住地域に設置されている教育機関及び生徒の教育環境を改善すること、並びに個別の支援活動から利益を得るのが困難な生徒にも全体として利益が受けられるように配慮する。

フランス語及びその他二つの言語知識に熟達することは、教育に関する基本的な目的の一部である。一般教養及び公認資格の取得はすべての若者に保障されており、彼らの生まれが社会的、文化的又は地理的にいかなるものであっても問われない。障害のある若者の社会参加は優遇される。それらの機関並びに治療及び健康のための活動はそれに協力する。

小学校、コレージュ、リセ及び高等教育学校は、知識及び学習方法を習得させて広めなければならない。それらの学校は男性と女性の平等の促進に努力する。それらの学校は知識及び人格権の尊重のための教育を保障し、同様にそれを実現させる具体的状況に理解のある教育を保障する。それらの学校はフランス及びヨーロッパ・世界環境における経済・技術・社会・文化の発展に適合した内容及び方法で教育を行うものとする。この教育には言語及び地方文化に関するあらゆる水準の教授法を含めることができる。体育及びスポーツの教育同様に芸術教育もすべての生徒に直接的な教育を行う。高等教育における運動及びスポーツの機会も学生に与えられるものとする。

小学校、コレージュ又はリセの各学校における教育共同体は、生徒及び教育機関又はそれに関係するすべての者を集め、生徒の教育に参加する。

生徒及び学生は、両親、教員、進路指導員及び専門職業者の支援をうけて、自分の希望と能力に応じて大学及び職業に関する進路計画を立てるものとする。関係省庁、地方自治体、企業及び協会はそれに協力する。

教育に係わる公共活動の延長である学校外教育活動には、とくに官公庁、地方自治体、協会、財団が協力する。ただし、国によって定められた職業養成及び教育活動の代わりを行うことはできない。それらの官公庁等は、とくに生徒の自由な時間に新しい情報・伝達技術及び文化・スポーツ実技への平等な参加を援助することを目的とする。任意の性格をもつ学校外教育活動組織においては、家族の資力が生徒たちを差別させる要因にならないように学校機関は注意するものとする。

生涯教育は教育機関の使命の一つである。それは各人に教育水準の向上、経済的・社会的変化への適合及び修得した知識を有効なものにすることを可能にする。

第一章　学校生活と大学生活

第一節　教育権

第二条　すべての子供は、三歳の年齢に達して家族が申請するときには、幼稚園又は自宅に最寄りの小学校の幼児学級のいずれかへの受入れがなされなければならない。

二歳の子供の受入れは、工場地域、農村地域又は山岳地域の不利な社会環境に設置されている学校において優先的に広く行われるものとする。

第三条　国は、現在から一〇年間のうちに、同一年齢者の全員を職業適任証又は職業教育修了証の水準に、かつ、バカロレア水準（後期中等教育最終学年進級）に八〇パーセントの者を到達させる目標を定める。

義務教育の修了時に、その教育水準に達しなかったすべての生徒は相当水準に達するための学習を継続することができなければならない。国はその権限の行使においてそこから生じる就学延長に必要な措置を整えるものとする。

第二節　就学の組織

第四条（一九九五年七月十三日の法律第八三六号により改正）　就学期間は、学習期ごとに編制される。これらの学習期には年間の教育達成内容及び評価基準を含めた教育目標と全国的授業計画が定められる。

幼稚園から小学校修了時までの就学は三つの学習期からなる。

コレージュは三つの学習期に分かれて教育を行う。

普通教育と技術教育リセ及び職業リセの学習期は、普通教育免状、技術教育免状及び職業教育免状を取得することができるが、とりわけバカロレアを取得することができる。

これらの学習期の年限は政令によって定める。

生徒の平等と学業修了を保障するために、各学習期のあいだ及び全就学期間における教育はその継続によって生徒の多様性に合わせて調整する。

第五条　各学習期においては授業計画が定められ、身に付けなければならない学習方法に従って、その学習期のあいだに不可欠な重要な知識は習得されねばならない。それらの授業計画は国の制約が設けられていて、そのなかで教員は各生徒の学習速度を斟酌して教育を行うこととする。

第六条　全国教育課程審議会は、教育の一般的構想、達成すべき大目標、これらの目的のための学科領域とそれに適合する授業計画及びそれらに適応した知識の発展への適応性に関して国民教育大臣に提案書及び意見書を提出するものとする。同審議会は国民教育大臣が任命した者によって構成される。

全国教育課程審議会の提案書及び意見書は公表するものとする。

第七条　就学年限には学校機関の発意とみずからの責任において、フランス国内又は外国の企業、団体、行政機関もしくは地方公共団体で行われた教育期間も含まれる。これらの期間は教育を施す機関が行う教育との関係で認められる。これらの期間は技術免状又は職業免状を取得するための必修とする。

専門家が継続的に関与する専門芸術教育を含む普通教育部門においては、当該専門家は評価活動及びバカロレア審査に加わることができる。

第七条の二（一九九三年十二月二十日の法律第一三一三号により追加）すべての若者は、習得した教育水準にかかわらず教育機関を修了する前に、職業教育を受けなければならない。この職業教育は、職業教育免状を取得できる教育の枠内、普通教育免状若しくは技術教育免状の取得後に組入れ組織された職業教育の枠内又は職業教育の地域計画に登録された特殊教育の枠内のいずれの場合においても行われるものである。それらの教育は企業及び職業者とともに協議して実施される。

第七条の三（一九九三年十二月二十日の法律第一三一三号により追加）若者の職業教育発展のための地域計画においては、職業リセ及び見習技能者養成センターにおいて、又は教員組織及びそれに見合う資力をもったコレージュにおいて、職業入門交互教育学級の開設を定めるものとする。

これらの学級は十四歳以上で、交互教育を行いながら職業資格準備教育の取得を選択する学校規定に従って生徒を募集する。

職業入門交互教育学級センターが見習技術者養成センター内に開設されるときは、それに起因する地域圏の負担は一九八三年一月七日の法律第八号第九四条の規定の定めに従って市町村、県、地域圏及び国のあいだで補償する。

この教育の修了時に、生徒は特別形式の労働契約による交互教育又は就学者の身分による交互教育のどちらかへ進路を決めることができる。

第八条（一九九二年七月十七日の法律第六七五号及び一九九三年十二月二十日の法律第一三一三号により改正）教育についての情報に関して。労働法典第一一五条の一の規定に定める条件で認められた職業資格の取得についての情報及び職業についての情報並びに進路指導の助言を受ける権利は、教育を受ける権利に属する。

生徒は教育機関・教育共同体の支援のもとに、とりわけ教員及び進路指導員の支援のもとに職業及び学校進路計画を準備し、就学期間中及び修了後にそれを実現するものとする。

この目的のために、生徒は学習指導・就職指導計画の準備が可能になるための一次情報をすべて自由に使えるものとする。

生徒はとくに個人的に各々の労働契約及び学校規定に基づいて準備する職業及び教育についての情報が与えられるものとする。

同情報は、将来の職業・進路及びそこに導く教育方法の選択を助けるためのものとする。

同情報は、教育機関の計画の範囲又は複数の教育機関の共同計画の範囲において、教育機関の長の責任で構成される。それは進路指導心理カウンセラー、教員、技術教育カウンセラー、職業団体代表者及び商業・工業・職人・農業組合代表者と一緒に作られるものとする。それは情報の収集と整理を伴うものとする。

進路の決定は、生徒に対する継続的観察によって準備される。

進路の選択は、生徒が成人のときは生徒又は家庭の責任とする。学級委員会の提案との不一致は、教育機関の長の決定前に面談の対象となる。もしも教育機関の長の決定が家庭又は生徒の要求と一致しないときはその理由を説明するものとする。

進路の決定は、不服申し立ての手続きを取ることができる。

第九条（一九九二年七月二十日の法律第六七八号により改正）　一学年は三六週以上からなり、同じ程度の長さの五期間に分割され、休暇は四期間に分割される。国の学校日程は三年単位で国民教育省が定める。地方の状況を斟酌するときは、政令によって定められた条件で適用することができる。

第三節　権利と義務

第十条　生徒の義務は、学習と結びついた課業の実行にある。これらの義務には勤勉並びに共同生活及びその運営に関する規程を尊重し遵守することを含む。

コレージュ及びリセの生徒には、多様性の尊重及び中立性の原則において情報収集の自由と表現の自由がある。これらの自由の行使は教育活動に損害をもたらすものであってはならない。

リセには、生徒の代表者からなる評議会が設置され、学校長が議長となって意見が述べられ、学業及び学校生活に関係する問題についての案を作成する。

第十条の二（一九九八年七月二十九日の法律第六五七号により追加）公立コレージュ、国と私立の教育機関とのあいだの関係について。一九五九年十二月三十一日の法律第一五五七号により定められた協定を国とともに遵守してきた私立コレージュ又は国の奨学金を受ける資格のある私立コレージュに登録し、入学している子供にとって、国の奨学資金は家庭に与えられる。そしてその金額は入学している子供の人数に従って変わる上限金額を超えることはないが、労働法典第一四一条の四によって決められているスライド制最低賃金と同様に引き上げられるものとする。

奨学金総額は家庭の資力によって変額し、社会保障法典第五五一条の一の規定に定められた家庭の月毎の給与計算額を基礎にした割合で定めるものとする。

2　コレージュの国民奨学金は国の負担である。

それらは下宿又は一食付き下宿費用の予定額控除後に、公立コレージュに登録された生徒には教育機関から家庭へ、私立コレージュに登録された生徒には大学区当局から家庭へ支給される。

3　第一項に定めるコレージュに登録された生徒には、一九五一会計年度（国民教育）の当初予算額における一九五一年九月二十一日の法律第一一一五号第一条に定めるコレージュに登録された生徒に与えられる国民奨学金に読み替えるものとする。
4　前述した一九五一年九月二十一日の法律第一一一五号第一条は、次に登録された生徒に適用するものとする。
一　公立リセ及び前述した一九五九年十二月三十一日の法律第一五五七号により定められた協定によって国に認められている私立リセ又は国民奨学金を受ける資格を与えられている私立リセの中等教育段階学級
二　地域圏立適応学校。ただし下宿又は一食付き下宿費用の予定額免除の資格と同額の援助額を控除する。
三　農村法典第Ⅷ編の対象となる教育機関
第十一条　生徒の父母は、教育共同体の構成員である。

生徒の父母の学校生活への関与並びに教員及びその他のスタッフとの対話は、各学校及び各教育機関において保障される。

生徒の父母は代表者を通して小学校までは学校評議会、中等学校は学校評議会及び学級委員会に参加するものとする。

県議会又は地域評議会、大学区評議会及び全国評議会の際、出席する生徒の父母の代表者の欠勤の許可及び補償の条件は国務院デクレ（令）で定める。

国は、中央教育審議会に代表権をもつ保護者団体に属する父母の代表者の研修を支援する。

第十二条　学生は、新入生の受入れ、高等教育学校生活の活性化及び就職支援活動に協力する。学生は、代表者を通じて全国大学学校厚生事業センター及び地域圏大学学校厚生事業センターの運営に参加する。

第十三条　集団であれ個人であれ学生の権利及び物質的・精神的利益の擁護を目的とする学生団体は、代表権があるものと見なし、その資格で高等教育研究審議会又は全国大学学校厚生事業センター管理評議会に在籍する。学生団体の代表団は助成を受ける。これらの機関は、学生の文化的・社会的・物質的生活の条件に関する情報を収集し研究を行う学生生活観察センターの運営に協力するものとする。

第二章　教職員

第十四条　教員は、生徒の学校活動全体の責任を負う。教員は学習指導チームのなかで活動するものとする。同チームは、生徒のなかでの同一の学級もしくは児童生徒集団を担当する教員又は同一の教科を担当する教員及び学校の心理士などの専門職員によって構成されるものとする。生活指導職員は同チームに参画する。

教員は生徒の個人的勉強を支援し、その継続を保障する。教員は生徒の評価を行う。教員は生徒指導・進路指導職員と共同して進路計画の選択を生徒に助言する。教員は、成人の継続教育活動に参加する。これらの教職員は研修を受け、その使命の全体に備えるものとする。

第十四条の二（一九九九年七月十二日の法律第五八七号により追加）　教員は、教育機関の計画によって予定された活動の枠で、技術革新や技術移転のための活動に参加することができる。

第十四条の三（一九九九年七月十二日の法律第五八七号により追加）　技術・職業教育に関する一九八五年十二月二十三日の授業計画の法律第一三七一号第十七条第三項の規定は、法第十四条に定める教員に適用するものとする。

第十五条　行政・技術・労働・厚生・保健及びサービスに携わる職員は、教育共同体のメンバーである。彼らは公教育業務の使命に直接協力し、学校及び国民教育省の業務の運営を保障する。

　彼らは、生徒の受け入れ及び生活環境の質の向上に貢献し、生徒の安全、食堂事業、公衆衛生及び寄宿舎における宿泊を保障する。

第十六条　教職員の採用計画は、国民教育省が毎年公表する。その計画は五年間にわたるものであり、毎年更新される。

第十七条　一九九〇年九月一日以後の各大学区において、教職員及び彼らに割り当てられている施設を活用することによって高等教育機関の制度上の責任を保証するために、その大学区の一校又は複数校と結びついた教員教育大学センターを創設するものとする。国務院デクレによって決定された条件及び範囲内において、大学以外の科学的、文化的、職業的な性格をもつ公立教育機関の付設機関又は大学区の教師養成のための複数の大学研究所の創設を決定することができる。

教員教育大学センターは高等教育の公施設法人とする。行政的性格をもった公施設法人は国民教育省の監督下に置かれ、国務院デクレによって定められた規定に従って組織される。会計監査は結果を見て事後的に行うものとする。

国によって決定された方針の枠内で、これらのセンターは教職員の初期養成活動を行う。教職員の教育は教科及び教育水準との関連で専門的な部分や主要部分全体に共通した部分からなる。

教員教育大学センターは、教職員の養成及び教育の研究に参加する。

それらのセンターは、学生のために職業準備教育を組織する。

教員教育大学センターは、国民教育大臣に任命された所長によって運営されるが、国民教育大臣は同センター管理評議会が決定した候補者一覧から所長を選択する。同センターは、大学区長が議長となった管理評議会によって管理される。

管理評議会は、国務院デクレによって定められた条件で、市町村・県・地域の代表同様に、教員教育大学センターが教育スタッフ又は教育中の学生及び教育を行う資格を備えたスタッフの代表と結びついた数校の学校の管理評議会からの代表者をとくに含むものとする。

師範学校及び教員教育大学センターのスタッフが同センター内で行う職務遂行の条件は、国務院デクレで定める。

本条の第一項で定めた期日までに、とりわけ小学校の男性教師及び女性教師のための師範学校の義務、権利及び財産の国への帰属条件は法律に定めるものとする。

各大学区において教員教育大学センターが配置されるまで、初等師範学校の設立に関する一八七九年八月九日の法律、一八九三年七月二十五日の法律で改正された公立小学校の一般費用及び職員の取扱いに関する一八八九年七月十九日の法律第二条、三条及び四十七条並びに公教育学校の認可を定める一九四五年十一月二日の政令第二六三〇号は、暫定的に効力があるものとして実施される。

第三章　教育機関

第十八条（一九九八年七月二十九日の法律第六五七号により改正）　小学校、コレージュ、普通・技術リセ及び職業リセは、学校教育計画を立てるものとする。同計画は国の教育目標及び計画を実行するための個別の方策を定める。それは評価対象となる。それは目的のために準備された学外活動及び学内活動を明確にするものとする。それは最も恵まれない家庭から来た生徒を引き受けるために実行する個別の方法も、同様に定めるものとする。

教育共同体の会員は、管理評議会又は学校評議会によって採択された計画準備に参加するものであるが、管理評議会等は計画の教育方法の部分に関する学習指導チームの提案に基づいて決定する。

教育機関はとくに教育領域の枠内において、共通の計画作成及び実行に参加することができる。

大学の機関はとくに生徒の教育及び進路援助を行うために、リセ等の学校との協力協定を結ぶことができる。

リセ等の学校機関及び大学機関は、経済的・文化的・社会的環境との交流及び親密な関係を形成する。

第十八条の二（一九九五年七月十三日の法律第八三六号により追加）　小学校に関しては、教育機関同様に市町村にも役目があり、これらの教育期間及び学校の教育使命の発展並びにそれらの知識を尊重した人間的・物理的資力の共同化のための協約方針によって協調することができる。

第十八条の三（一九九九年七月十二日の法律第五八七号により追加）　普通技術リセ同様に職業リセも、協約によって技術移転活動を行うために、有償でサービス提供を保障することができる。

第十九条（一九九九年七月十二日の法律第五八七号により改正）　職業教育及び就職同様に教育の使命を実行するためには、公立中等学校は政令に定められた条件で継続教育の任務のために中等学校連合に加入するか、定められた期間に公益団体を設立することができる。同様に公益団体は、国及び公法又は私法の法人のあいだでこの目的のために設立される。フランスの技術発展及び研究のための計画及び方針に関する一九八二年七月十五日の法律第六一〇号第二十一条の規定は、本条に規定する公益団体に適用される。ただし、公益団体の長は、国民教育大臣が任命するものとする。

第二十条　国は、大学に係る建設事業の実施を、公立高等教育の機関に委ねることができる。

国が割り当て又は利益提供する校地校舎に対すると同様に、国民教育大臣又は農業大臣の所轄に属する高等教育機関は、財産の処分及び配分の権利を除いて、所有者の義務と権利を行使する。

第二十一条　教員定数の割当てに関しては、大学区のあいだ及び県のあいだで認められる不平等の縮小政策により、生徒及び学生の環境条件を改善して就学割合の差を徐々になくすことを目的にしている。恵まれない社会環境地域及び散在居住地域には特殊な制約が斟酌される。この範囲内で海外県及び海外領土には有利なように措置される。海外県、海外領土又は海外特別自治体及び本土のあいだに存在している教員定数及び就学の割合についての不均衡は徐々に解消されることとする。

第二十一条の二（一九九八年七月二十九日の法律第六五七号により追加）　中等学校の校長が議長を務める健康市民性教育委員会は、社会排除対策に係る当事者の支援を行うことを使命とする。

同委員会は教育機関、最も困っている生徒の父母及び社会排除対策に係る他の当事者とのあいだの連携を更に強くすることを使命とする。同委員会は、管理評議会が承認した学校教育計画の中軸路線と関連して、学業の失敗対策、家族との関係改善、とりわけ極貧対策、社会的・文化的な仲介並びに危険を伴う偏見及び暴力の防止に関して積極的に貢献する。

第四章　諮問機関

第二十二条（一九九一年十二月二十一日の法律第一二八五号により改正）　中央教育審議会を設置する。

中央教育審議会は、法第二十三条の規定により高等教育研究審議会に移転された権限は排除されており、国民教育高等評議会及び普通・技術教育評議会にあらかじめ帰属している権限を行使する。

中央教育審議会は、公教育活動の働き及び目的について意見を与える。

中央教育審議会は国民教育大臣又はその代理人が議長となり、教員、研究職教員、その他の職員、父母、学生、リセの生徒、地方公共団体、学校外・家庭団体、教育・経済・社会・文化的有識者のそれぞれの代表者から構成される。

研究職教員の代表者は、高等教育研究審議会で選ばれた当該代表者のなかから選ばれるものとする。

教員及びその他の職員の代表者は、職種別の選挙において推薦された者のうち最も代表的な組合組織の提案に基づいて、職場の選挙結果に比例させて国民教育大臣が任命するものとする。

父母の代表者は、生徒の父母団体の提案に基づいて、管理評議会及び学校評議会の選挙結果に応じて国民教育大臣が任命するものとする。

学生の代表者は、生徒の父母団体の提案に基づいて高等教育研究審議会の選挙結果に応じて国民教育大臣が任命するものとする。

リセの生徒の代表者は、委任されている大学区レベルの代表者のなかから選ばれるものとする。

中央教育審議会は、一つの常設部門と複数の専門部会からなる。

係争問題及び懲戒に関して決定を下す中央教育審議会は、教員団体に所属する一二名の審議委員から構成され、審議会の代表者は互選される。

中央教育審議会に議席を占める私学教育機関の代表委員は、前項の審議会が私立学校に関する懲戒及び係争事件を付託されたときに、投票権を持ってその構成委員となる六人の代表者を選出する。

国民教育高等評議会及び普通・技術教育評議会は、中央教育審議会が設置される日までその機能を保持する。

第二十三条（一九九〇年七月四日の法律第五八七号により改正）　高等教育研究審議会は、研究職教員、教員及び高等教育機関の利用者に対して権限を持つ大学の決定機関によって下された懲戒決定についての控訴審及び終審を下す。同審議会はそれらに対して、国民教育懲戒裁判所によって宣告された職権停止の解除、停職又は除名についての一九〇八年七月十七日の法律によって定められた権限を行使する。ただし、懲戒裁定部門が設けられていなかったとき、又は権限を持った懲戒裁判所に行く前に訴追された日から六ヵ月後に何ら判断が示されないときは、上訴及び終審の決定を下すことが求められる。

懲戒に関して決定する高等教育研究審議会は、研究職教員の代表者及び利害関係者の代表者を含む。利害関係者が、懲戒に関して決定を下す高等教育研究審議会の専門部会のなかで代理権を行使しない場合及び棄権する場合、利害関係者の欠席での審議は有効とすることができる。懲戒に関して決定する高等教育研究審議会の長は大学教員であり、研究職教員全員で選挙された者で、この審議の一員となる。

懲戒に関して決定する高等教育研究審議会は、研究職教員及び教員に関して決定するが、専門部会に付託された教職員は研究職教員と同じ身分又はそれ以上の地位にある者とする。

教員及び高等教育機関の利用者に関する専門部会委員の選出形式、構成及びその運営は、国務院デクレによって定めるものとする。

第二十四条　市町村、県、地域及び国の権限分割に関する一九八三年一月七日の法律第八号を補足する一九八三年七月二十二日の法律第六六三号第十二条により、各大学区に設置されている国民教育審議会の権限及び構成は、高等教育に拡大援用されるものとする。ただし、国民教育高等審議会に関する一九六四年十二月二十六日の法律第一三二五号及び一九四六年五月十八日の法律第一〇八四号を改正し、懲戒・訴訟部をもつ国民教育審議会の権限及び構成に関する一九八五年十二月三十一日の法律第一四六九号第一章の規定は留保する。

同審議会の審議に提出された質問が高等教育に関係するときは、大学の総裁である大学区長が報告者となる。

イル・ド・フランス地域圏の三大学区については、一つのみの大学区審議会を設けるものとする。国務院デクレにより本条の実施様式を定めるものとする。

第五章　教育制度の評価

第二十五条　国民教育総視学局及び国民教育行政総視学局は、権限を持った所管行政部局と連携して全国、地域、大学区及び県の評価を行い、かつ、これを国会の文教関係の各委員会の委員長と委員会報告者に提出する。

評価は革新的実践を紹介するために、教育学的経験を考慮するものとする。国民教育総視学局及び国民教育行政総視学局は、年間報告書を作成し、公表する。

国民教育大臣は、本法律の適用についての報告を中央教育審議会へ毎年提出するものとする。同報告書は公表するものとする。

第二十六条　学校教育計画の実行及び成果を報告する地方教育公施設法人の年間報告書は、とりわけ県における政府代理人、大学区当局及び関係地方自治体へ提出する。

第二十七条　科学的・文化的及び職業的性格を有する公立教育機関の評価を行う全国評価委員会は、独立した行政機関とする。

第六章　その他の規定

第二十八条（一九九三年七月二十二日の法律第九三五号により削除）

第二十九条　本法律の規定は、マヨット島特別自治体及び海外領土に適用される。ただし、フランス領ポリネシア自治領の中等教育段階の第二学習期の管轄移譲に関して一九八七年七月十六日の法律第五五六号により一部改正されたフランス領ポリネシア自治領の制度を運用する一九八四年九月六日の法律第八二〇号及び一九九八年にニューカレドニアの自治権付与を準備して規程を定める一九八八年十一月九日の法律第一〇二八号による領土又は地方に与えられた権限は留保する。

自治領及び地方自治体の独自の機関がとくに行う必要な実施事項は、所轄の地方議会の意見を聞いたのちに、国務院デクレによって決定されることとする。
第三十条　教育に関する本法律の規定は、一九八五年の財政法（一九八四年十二月二十九日の法律第一二〇八号）及び私立学校教育と国との関係についての一九五九年十二月三十一日の法律第一五五七号の規定を尊重した協定に基づく私立学校教育機関にも適用される。
第三十一条　本法律の規定は外国におけるフランス人学校機関にも適用されるが、外国政府と締結した協定及び特別な状況を考慮して本法律を適用する条件は、国務院デクレで定める。
第三十二条　中等教育教員免許状所有者及びそれに相当する免許状所有者である体育及びスポーツ担当の教員、生徒指導専門官の職員群に属する公務員の基本給与、同様に国民教育大臣又は農業大臣が認めた職業リセの教員で第二等級の基本給は、その等級及びその号俸に該当する給与のほかに、年金掛金俸給指数で一五ポイントの加算分相当の特別手当を含むものとする。
該当者は、一九八九年九月一日から一九九四年八月三十一日までのあいだに五十歳以上及び該当する等級のうち第八号俸に達する者でなければならない。
この指数改善の該当者が特別級に達するときは、改善分の支払いは中止し、かつ、特別級の相当号俸を決定する際にも考慮しない。
第三十三条　別の大学区へ移転する場合、コレージュ普通教育担当教員職員群に属する公務員は、特別に定めた規定により、事前の在籍出向をすることもなく、受入れ大学区のコレージュ普通教育担当教員職員群に加入する。

第三十四条　教育に関する一九七五年七月十一日の法律第六二〇号第二条第一項第二号、第九条、第十三条第一項、第十六条及び第十九条第二項は廃止する。

第三十五条　一九八九年から一九九四年の期間の国の教育政策目標は、本法律の付属報告書に示す。

第三十六条　本法律の適用に関する第一回目の総括報告書は、一九九二年議会に提出されるものとする。

本法律は、国の法律として施行される。

訳者注――このジョスパン法を翻訳するに際しては、『フランスの教育基本法――「二〇〇五年学校基本計画」と「教育法典」』（教育調査第一三六集、文部科学省、二〇〇七年三月刊）及び『二十一世紀を展望するフランス教育改革』（東信堂、一九九七年二月刊）を参照した。「二〇〇五年学校基本計画法」（通称フィヨン法、二〇〇五年四月二十三日の法律第三八〇号）等によりジョスパン法は一部改正されているが、ほとんどの条文が二〇〇〇年六月に成立した膨大な「教育法典（法律の部）」へ移行されている。詳細は『フランスの教育基本法』を参照されたい。

索引

ア行

アグリコラ　44
アスティエ法　84
アーノルド（T）　88
アビ大臣（R）　113, 117
アベロエス　42
アラン（C）　134
アリスタルコス（サモスの）　24
アリストテレス　34, 35, 41, 42, 47, 59
アルベルティ（レオン・バティスタ）　45
アルキメデス　24, 41
アルクイン（A＝F）　32
アルベール・ル・グラン　34
アル＝マームーン　41
アレクサンドル一世　91
アレクサンドロス大王　24
アンリ四世　47, 67
家永三郎　108
イシドロス（セヴィリアの）　30
インノケンティウス三世　35
ヴァティメスニル大臣　83
ヴァロン　112
ヴィシー政府　82, 130
ウェルギリウス　26
ヴォルテール（F＝M）　51, 67
ウォルトン（ロード）　101
ウシンスキー（K・D）　91
ウラッグ（テッド）　100
エラスムス（D）　46, 47, 49, 135
エリオット総理大臣（エドアール）　82
エルビニエール＝ルベール夫人　74
オーウェン（R）　72, 88
長田新　95
オベルカンプ家　74
オベルラン牧師（J）　73

カ行

カイゾフ（I・A）　105, 106
華国鋒　110
カシオドロス　30
カピタン大臣　112
カペル大学区長　8, 117
ガリエヌス　41
ガリレイ（G）　56
カルヴァン（J）　48
カール大帝　31, 32
カルノ（ラザール）　77
ガル（ロジェ）　9, 113
カント（E）　65
キケロ　26, 46
ギゾー（F）　73, 80
ギゾー法　74 - 76
ギヨーム・ド・ナンジ　36
クーザン（V）　73
クジネ（R）　79
クセノフォン　17
グーテンベルク　45
グラックス兄弟　26
クラレンドン委員会　97
クリントン大統領　99
グレゴリウス（トゥールの）　30
グレゴリオス・タウマトゥルゴス　29
クレマン（L・A）　90
クロス（L）　113

ケプラー（J）　56
ケルゴマール夫人（ポリーヌ）　74
ケルシェンシュタイナー（G）　72
孔子　18
コシャン（J・M・ドニ）　74
光緒帝　94
コメニウス＝コメンスキー　55, 57
ゴルティエ神父　77
コールマン報告書　102
コレット（J）　46
ゴンタール（M）　81, 82
コンディヤック（E）　63
コンドルセ（M＝J＝A）　68

サ行

サヴァリ大臣　117
サヴァリ法　119
左宗棠（さそうとう）　94
サルヴァンディ大臣　80
サンド（ジョルジュ）　79
釈迦牟尼　15
ジャバル博士　79
シャルル二世　32
シャンポリオン（J＝F）　14
ジャンリス夫人　55
シュヴァリエ神父　71
ジュヴァンシー神父　56
シュヴェヌマン大臣　117
ジュシポフ（B・P）　106
シュトゥルム（ジャン）　49
ジェファーソン（トーマス）　89
シェプレール（ルイーズ）　73
ジュリアン（M＝A）　72
シェークスピア　45
ジェランド　77
ジェンクス（C）　103
小スキピオ　26
ジョスパン大臣（リオネル）　130
ジョン・パットン卿　100
シラク内閣　119
スチュアート・ミル（J）　89
スミルノフ（A・A）　106
スリング（E）　89
西太后　94
聖アウグスティヌス　29
聖アルバン　31
聖アンブロワーズ　38
ゼイ大臣（ジャン）　82, 87
聖ヴィクトール神父　35
聖ヒエロニスム　29
聖マルティヌス司教　32
セ法（カミーユ）　81
ソルボン（ロベール・ド）　37

タ行

大カトー　25, 26
ダ・ヴィンチ（レオナルド）　46
タゴール（R）　94
タレーラン（Ch・M）　68
ダンテ　45
ダントン（J）　66
ツウィングリ（U）　48
ディドロ（D）　51, 58, 66
デカルト（R）　51, 56 - 59
デミア（シャルル）　54
デューイ（J）　72, 94, 95, 102, 105
デュ・ベレー（J）　47
デュリュイ（V）　73, 80, 81, 84
デュリュイ法　75
デュルケム（エミール）　10
ドヴァケ大学研究省大臣（アラン）119
鄧小平　110
ド・カペラ　30
ドクロリー（O）　72
ド・ゴール大統領　113
トーネイ（R・H）　97
ド・パストレ夫人　73, 74
ドブス（M）　113
トマス・アクィナス　34
トリチェリ（E）　56

トルストイ（レオン）　91

ナ行

ナバール神父　68
ニコライ一世　91
ノレ神父　58

ハ行

ハーヴェー（W）　56
バス　89
パスカル（B）　56
バセドゥー（J・B）　65
パプ=カルパンティエ（マリ）　74
バール　89
ピストラーク（M・M）　105
ピーコ・デッラ・ミランドラ（G）46
ヒトラー　93
ピロゴフ（N・I）　91
ファルー法　75, 81
フィリップ（シャルル=ルイ）　133
フィリップ平等公　55
フェリー（ジュール）　73, 76
フェリー法（ジュール）　75
フェヌロン（F）　60
フェルトレ（ヴィトリオ・ド）　38
フォースター（W・E）　88
フォール大臣（エドガー）113 - 115, 121
フーシェ改革　113
プトレマイオス（C）　40, 41
プラトン　21, 41, 46, 47
フランケ（A・H）　55
フランソワ一世　45, 47
プリュシュ神父　58
フルクロア（A=F）　68
フルニエ（アラン）　80
フレイシヌス大臣　71
フレネ（C）　72, 79, 135
フレーベル　72, 95
プロフィ（B）　79
ブロンスキー（P・P）　105
ベイルー大臣（F）　120, 122, 124, 125
ベーコン（フランシス）　56
ベーコン（ロジャー）　34
ペスタロッチ（H）　65, 72, 95
ベダ　30
ペトラルカ　45
ベラール大臣（レオン）　82
ペルゴー　80
ベール法（ポール）　75
ベル（アンドレ）　72, 77, 88
ヘルバルト（J=F）　63
ベンサム（J）　89
ボーヴォワ（D）　92
ポエティウス　30
ボシュエ（J=B）　51
ボナパルト（ナポレオン）　69
ホメロス　21 - 23
ホラティウス　26
ポルシェ（L）　118

マ行

マウルス　32
マカレンコ（A・S）　72, 92, 105
マリオット　56
マルゴラン（ジャン=クロード）　45, 50, 51
マルボー（F）　74
マレー（D）　95
マレ夫人（ジュール）　74
マン（ホーレス）　90
マンデス・フランス（P）　114
マントノン夫人（F）　60
ミッテラン大統領（フランソワ）　117
ミレ夫人　74
メランヒトン（P）　48
メルカトール（G）　42
毛沢東　109 - 111
モノ大臣（G）　112, 113

モリー（F）　79
モリエール　36, 51
モンジー大臣　82
モンジュ（G）　67
モンテッソリ（マリア）　72, 135
モンテーニュ（M）　44, 47

ヤ行

ユークリッド　24, 41

ラ行

ライアーソン（エジェルトン）　90
ラカナル（J）　68
ラカナル法　69
ラ・サール（ジャン・バティスト・ド）　54
ラクロワ（S＝F）　67
ラシーヌ　36
ラ・シャロテ（J・R）　58
ラッセル（バートランド）　94
ラプラス（P・S）　67
ラブレー（F）　44, 46, 47
ラ・ロシュフーコー＝リアンクール　77
ランカスター（J）　77, 88
ラング大臣（ジャック）　118
ランジュヴァン（P）　87, 112
ランスロット（C）　58
リヴァール（D）　58
リシュネロヴィッチ（A）　114
ルイ十四世　58
ルグラン（L）　113, 118
ルーシュラン（ジャン）　49
ルソー（ジャン＝ジャック）　63 - 65
ルター（M）　48
ルマール博士　79
レオンテエフ（A・N）　106
レーニン　106
老子　18
ロック（J）　63
ロバン（P）　79
ロヨラ（イグナティウス・デ）　49
ロラン（シャルル）　56

参考文献

Antoine (G), Passeron (J.-Cl.), *La réforme de l'université*, Calmann-Lévy (1966).
Bataillon, Berge, Walter, *Rebâtir L'école*, Payot (1967).
Capelle (J.), *L'école de terrain reste à faire*, PUF (1966).
Coombs (Ph. H.), *La crise mondiale de l'éducation*. Analyse des systèmes, PUF (1966).
Courrier de l'Unesco (avril 1969).
Debesse (M) *Les étapes de l'éducation*, PUF, 8e éd., 1972.
Documentation française, Cahiers français, novembre-décembre 1968.
Etat de l'école, Paris, OCDE, 1994.
Gal (R.), Oû en est la pédagogie, *Le courrier de la recherche pédagogique*, n°26, septembre 1965.
Hameline (D), *Les objectifs pédagogiques en formation initiale et en formation continue*, Entreprise moderne d'Editions, 1979.
Histoire mondiale de l'éducation, sous la direction de G. Mialaret et J. Vial, PUF, t.I à IV, 1981.
Hommage à *Roger Gal*, SEVPEN (1968).
Kenneth (R.) *The teaching Revolution*, London (1967).
Landsheere (G. de), *La formation des enseignants demain*, Casterma (1976).
Léon (A.), *Histoire de l'enseignement en France*, PUF, 2e éd. 1972.
Lobrot (M.), *La pédagogie institutionnelle*, Gauthier-Villars (1966).
Prost (A.), *L'enseignement en France*, 1800-1967, A. Colin (1967).
Quelle université? Quelle société? , Editions du Seuil (1968).
Simon (P.-H.), *Questions aux savants*, Le Seuil (1969).
Snyders (G.), *Pédagogie progressiste*, PUF, 3e éd. (1975).
Traité des sciences de l'éducation, sous la direction de M. Debesse et G. Mialaret, PUF, t.I à VIII (1970-1978).
Vasquez (R.) et Oury (F.), *De la pédagogie coopérative à la pédagogie institutionnelle*, Maspero (1972).
Velis (J.-P.), *Lettres d'illettré*, La Découverte, UNESCO (1990).
Vial (J.), *Vers une pédagogie de la personne*, PUF (1975).

参考文献
（訳者による）

今野健一『教育における自由と国家』，信山社，2006年.
ネル・ノディングス『教育の哲学』（宮寺晃夫監訳），世界思想社，2006年.
岩村清太『ヨーロッパ中世の自由学芸と教育』，知泉書館，2007年.
二宮皓ほか『世界の学校』，学事出版，2006年.
伊藤正則『レポート　世界の学校』，三修社，1987年.
長尾十三二『西洋教育史』，東京大学出版会，1978年.
Ｓ・ボウルズ／Ｈ・ギンタス『アメリカ資本主義と学校教育Ⅱ』（宇沢弘文訳），岩波現代新書，1987年.
釣島平三郎『アメリカ　最強のエリート教育』，講談社新書，2004年.
伊村元道『英国パブリック・スクール物語』，丸善ライブラリー，1993年.
小林章夫『教育とは──イギリスの学校からまなぶ』，ＮＴＴ出版，2005年.
Ｊ・トミアク『ソビエトの学校』（大柴衛／海老原遥訳），明治図書，1978年.
篠原清昭『中華人民共和国教育法に関する研究』，九州大学出版会，2001年.
小林順子編『21世紀を展望するフランス教育改革』，東信社，1997年.
小島麗逸・鄭新培編著『中国教育の発展と矛盾』，御茶の水書房，2001年.
文部科学省『フランスの教育基本法』，独立行政法人国立印刷局，2007年.
『辞典　現代のフランス』，大修館書店，1977 年.
『ロベール仏和大辞典』，小学館，1988 年.
Dumber than we thought , NEWSWEEK, september 20, 1993.
Vincent Troger, Jean-Claude Ruano-Borbalan, Histoire du système éducatif, PUF, 2005.
Dictionnaire universel des noms propres ; LE PETIT ROBERT 2, S.E.P.R.E.T., 1975.

訳者略歴
高村昌憲（たかむら・まさのり）
一九五〇年生まれ
一九七四年、明治大学文学部卒業
主要著訳書
『螺旋——新しき回帰』（私家版）
『六つの文字』（A＆E）
『現代詩再考』（A＆E）
『風狂の詩人たち』（共著、風狂の会）
アラン『エチュード』（創新社）
アラン『初期プロポ集』（土曜美術社出版販売）

教育の歴史

二〇〇七年一〇月　五日　印刷
二〇〇七年一〇月二五日　発行

訳　者 © 高　村　昌　憲
発行者　川　村　雅　之
印刷所　株式会社　平河工業社
発行所　株式会社　白　水　社
東京都千代田区神田小川町三の二四
電話　営業部〇三（三二九一）七八一一
　　　編集部〇三（三二九一）七八二一
振替　〇〇一九〇—五—三三二二八
郵便番号一〇一—〇〇五二
http://www.hakusuisha.co.jp
乱丁・落丁本は、送料小社負担にてお取り替えいたします。

製本：平河工業社
ISBN978-4-560-50917-3
Printed in Japan

文庫クセジュ

哲学・心理学・宗教

13 実存主義
25 マルクス主義
107 世界哲学史
114 プロテスタントの歴史
149 カトリックの歴史
193 哲学入門
196 道徳思想史
199 秘密結社
228 言語と思考
252 神秘主義
326 プラトン
342 ギリシアの神託
355 インドの哲学
362 ヨーロッパ中世の哲学
368 原始キリスト教
374 現象学
400 ユダヤ思想
415 新約聖書
417 デカルトと合理主義
438 カトリック神学
444 旧約聖書
459 現代フランスの哲学
461 新しい児童心理学
468 構造主義
474 無神論
480 キリスト教図像学
487 ソクラテス以前の哲学
499 カント哲学
500 マルクス以後のマルクス主義
510 ギリシアの政治思想
519 発生的認識論
520 アナーキズム
525 錬金術
535 占星術
542 ヘーゲル哲学
546 異端審問
558 伝説の国
576 キリスト教思想
592 秘儀伝授
594 ヨーガ
607 東方正教会
625 異端カタリ派
680 ドイツ哲学史
697 オプス・デイ
704 トマス哲学入門
707 仏教
708 死海写本
710 心理学の歴史
722 薔薇十字団
723 インド教
733 死後の世界
738 医の倫理
739 心霊主義
742 ベルクソン
745 ユダヤ教の歴史
749 ショーペンハウアー
751 ことばの心理学
754 パスカルの哲学
762 キルケゴール

文庫クセジュ

763 エゾテリスム思想
764 認知神経心理学
768 ニーチェ
773 エピステモロジー
778 フリーメーソン
779 ライプニッツ
780 超心理学
789 ロシア・ソヴィエト哲学史
793 フランス宗教史
802 ミシェル・フーコー
807 ドイツ古典哲学
809 カトリック神学入門
818 カバラ
835 セネカ
848 マニ教
851 芸術哲学入門
854 子どもの絵の心理学入門
862 ソフィスト列伝
863 オルフェウス教
866 透視術
874 コミュニケーションの美学
880 芸術療法入門
881 聖パウロ
891 科学哲学
892 新約聖書入門
900 サルトル
905 キリスト教シンボル事典

文庫クセジュ

歴史・地理・民族（俗）学

18 フランス革命
62 ルネサンス
79 ナポレオン
116 英国史
133 十字軍
160 ラテン・アメリカ史
191 ルイ十四世
202 世界の農業地理
297 アフリカの民族と文化
309 パリ・コミューン
338 ロシア革命
351 ヨーロッパ文明史
382 海賊
412 アメリカの黒人
418～421 年表世界史
428 宗教戦争
446 東南アジアの地理
454 ローマ共和政
458 ジャンヌ・ダルク
484 宗教改革
491 アステカ文明
506 ヒトラーとナチズム
528 ジプシー
530 森林の歴史
536 アッチラとフン族
541 アメリカ合衆国の地理
557 ジンギスカン
566 ムッソリーニとファシズム
568 ブラジル
586 トルコ史
590 中世ヨーロッパの生活
597 ヒマラヤ
602 末期ローマ帝国
604 テンプル騎士団
610 インカ文明
615 ファシズム
636 メジチ家の世紀
648 マヤ文明
660 朝鮮史
664 新しい地理学
665 イスパノアメリカの征服
684 ガリカニスム
689 言語の地理学
705 対独協力の歴史
709 ドレーフュス事件
713 古代エジプト
719 フランスの民族学
724 バルト三国
731 スペイン史
732 フランス革命史
735 バスク人
743 スペイン内戦
747 ルーマニア史
752 オランダ史
755 朝鮮半島を見る基礎知識
760 ヨーロッパの民族学
766 ジャンヌ・ダルクの実像
767 ローマの古代都市
769 中国の外交

文庫クセジュ

781 カルタゴ
782 カンボジア
790 ベルギー史
791 アイルランド
806 中世フランスの騎士
810 闘牛への招待
812 ポエニ戦争
813 ヴェルサイユの歴史
814 ハンガリー
815 メキシコ史
816 コルシカ島
819 戦時下のアルザス・ロレーヌ
823 レコンキスタの歴史
825 ヴェネツィア史
826 東南アジア史
827 スロヴェニア
828 クロアチア
831 クローヴィス
834 プランタジネット家の人びと
842 コモロ諸島

853 パリの歴史
856 インディヘニスモ
857 アルジェリア近現代史
858 ガンジーの実像
859 アレクサンドロス大王
861 多文化主義とは何か
864 百年戦争
865 ヴァイマル共和国
870 ビザンツ帝国史
871 ナポレオンの生涯
872 アウグストゥスの世紀
876 悪魔の文化史
877 中欧論
879 ジョージ王朝時代のイギリス
882 聖王ルイの世紀
883 皇帝ユスティニアヌス
885 古代ローマの日常生活
889 バビロン
890 チェチェン
896 カタルーニャの歴史と文化

897 お風呂の歴史
898 フランス領ポリネシア
902 ローマの起源
903 石油の歴史
904 カザフスタン
906 フランスの温泉リゾート

文庫クセジュ

社会科学

357 売春の社会学
396 性関係の歴史
483 社会学の方法
616 中国人の生活
654 女性の権利
693 国際人道法
717 第三世界
725 イギリス人の生活
740 フェミニズムの世界史
744 社会学の言語
746 労働法
786 ジャーナリストの倫理
787 象徴系の政治学
792 社会学の基本用語
824 トクヴィル
837 福祉国家
845 ヨーロッパの超特急
847 エスニシティの社会学
887 ＮＧＯと人道支援活動
888 世界遺産
893 インターポール
894 フーリガンの社会学
899 拡大ヨーロッパ
907 死刑制度の歴史